银行会计实训

主　编　郭德松　李晓燕
副主编　贾薇文　张　茜

華中科技大學出版社
http://www.hustp.com
中国·武汉

内容提要

《银行会计实训》是根据金融会计课程的特点以及学生学习的需要而编写的，旨在培养学生的动手能力。本书与《金融会计》配套使用，能够取得较理想的教学效果。

本书内容为银行会计综合实训，完全模拟银行手工实际操作程序而编写，按照教学进度，从实训一的建立账户开始，经过实训二的储蓄业务和实训三、实训四、实训五、实训六的银行票据结算业务，以及实训七的银行贷款业务，实训八、实训九的同城票据交换、联行业务，直到实训十的银行日终结账核算业务为止，是一套完整的仿真训练。本书不仅可提高学生的动手能力和操作能力，更重要的是可提高学生分析实际问题和解决实际问题的能力，使学生更能理解银行电算化的内容和资金关系，从而尽快适应工作和社会的需要。

图书在版编目(CIP)数据

银行会计实训/郭德松，李晓燕主编. —武汉：华中科技大学出版社，2017.7(2022.1重印)
ISBN 978-7-5680-2891-2

Ⅰ.①银… Ⅱ.①郭… ②李… Ⅲ.①银行会计 Ⅳ.①F830.42

中国版本图书馆 CIP 数据核字(2017)第 118339 号

银行会计实训
Yinhang Kuaiji Shixun

郭德松　李晓燕　主编

策划编辑：谢燕群
责任编辑：熊　慧
封面设计：原色设计
责任监印：周治超
出版发行：华中科技大学出版社(中国·武汉)　电话：(027)81321913
武汉市东湖新技术开发区华工科技园　邮编：430223
录　　排：禾木图文工作室
印　　刷：武汉市首壹印务有限公司
开　　本：787mm×1092mm　1/16
印　　张：21.25
字　　数：236 千字
版　　次：2022 年 1 月第 1 版第 3 次印刷
定　　价：42.80 元

前　言

《银行会计实训》是《金融会计》的配套用书，根据学生的实习现状、金融会计课程的特点以及学生学习的需要而编写。

随着科学技术的高速发展，电子计算机的应用日益广泛，金融行业一般都采用了电算化核算程序。金融业务网络化、核算资料信息化、传递手段现代化，均给学生的毕业实习和业务知识的理解带来了较大难度。由于金融业务流程和计算机软件都是以传统手工业务的处理为基础编制的，因此，通过本书的应用，可以强化实践教学这一薄弱环节，既可以解决学生毕业实习难、效果差的问题，又可以帮助学生理解金融实务中一些变幻莫测的疑难问题，让学生不仅知其然，而且知其所以然。

《银行会计实训》的编写目的主要在于：一是通过模拟实训，使学生可以系统地掌握金融会计核算的全过程，从而在实训中消化理论知识；二是加深对金融会计知识的理解，提高学生的学习兴趣；三是解决实践教学目标与校外实习环境不协调的矛盾，从而达到令人满意的预期效果。

本书内容完全模拟银行手工实际操作程序，按照教学进度，从实训一的建立账户开始，经过实训二的储蓄业务和实训三、实训四、实训五、实训六的银行标据结算业务，以及实训七的银行贷款业务，实训八、实训九的同城票据交换、联行业务，直到实训十的银行日终结账核算业务为止，是一套完整的仿真训练。本书不仅可以提高学生的动手能力和操作能力，更重要的是可以提高学生分析实际问题和解决实际问题的能力。

该书可以作为应用型本科高等院校、高职高专以及成人院校经济管理类专业的实训教材，也可以作为相关从业人员的培训用书。

银行会计模拟实训所需账表与凭证资料如下。

序号	品　　名	数量
1	总账账页	25 张
2	三栏式明细账	50 张
3	现金日记账	4 张
4	转账凭证	20 张
5	凭证封面	1 张
6	账簿封面（即账夹、账钉）	1 套
7	档案袋	1 个
8	凭证装订线（自备）	若干
9	大头针、回形针等（自备）	若干

由于我们水平有限，加之时间仓促，不足之处敬请读者批评指正。

编　者

2017 年 8 月

目　　录

实训一　模拟建立银行会计总账和明细账

（一）实训资料

设商业银行江城 A 支行期初各科目总账及明细账相关资料如表 1-1 所列。

表 1-1　　　　单位:元

类别	总账账户名称	明细账账户名称	账号	余　额
资产	库存现金	（设现金收付日记簿）	101	5 000 000.00
	银行存款		102	60 000.00
	存放中央银行准备金		104	28 900 770.00
		备付金存款	104—1	
	短期贷款		123	133 100 000.00
		国营白莲湖农场	124—1	1 000 000.00
		省外贸服装加工厂	125—1	900 000.00
		江南钢铁公司	125—2	16 000 000.00
		红旗机床制造厂	125—3	
		中南石油工业公司	125—4	
		市建筑工程一公司	126—1	40 000 000.00
		中心百货商城	127—1	60 200 000.00
		常青花园酒店	129—1	15 000 000.00
		市公汽三公司	130—1	
	其他短期贷款		133	1 750 000.00
		扬帆五金建材商场	133—1	750 000.00
		佳美装饰公司	133—2	1 000 000.00
		赵华家电维修店	133—3	
	贴现		155	46 340 000.00
		江南钢铁公司	155—1	46 340 000.00
		市建筑工程一公司	155—2	
		省外贸服装加工厂	155—3	
		大桥食品加工厂	155—4	
	应收利息		185	433 693.00
	固定资产		248	26 600 000.00
	累计折旧		255	4 869 000.00(贷方)
负债	单位活期存款		300	191 774 474.00
		国营白莲湖农场	301—1	1 900 000.00
		中南石油工业公司	302—1	11 000 000.00
		省外贸服装加工厂	302—2	7 800 000.00
		天然气设备制造厂	302—3	23 200 000.00
		大桥食品加工厂	302—4	1 200 000.00
		红旗机床制造厂	302—5	5 679 510.00
		江南钢铁公司	302—6	23 165 000.00

续表

类别	总账账户名称	明细账账户名称	账号	余　　额
		市建筑工程一公司	303—1	950 000.00
		中心百货商城	304—1	34 081 000.00
		家家乐超市	304—2	17 700 220.00
		新时尚商业大厦	304—3	1 884 302.00
		常青花园酒店	306—1	5 000 043.00
		云湖水上度假村	306—2	286 000.00
		市公汽三公司	307—1	4 150 000.00
		佳美装饰公司	315—1	740 000.00
		山水风情旅行社	315—2	418 000.00
		先锋电子公司	315—3	7 616 000.00
		赵华家电维修店	315—4	530 000.00
		扬帆五金建材商场	315—5	941 022.00
		省经济综合大学	323—1	38 026 000.00
		华中医学院	323—2	446 182.00
		省电力设计院	323—3	397 000.00
		省国税局直属分局	323—4	2 913 970.00
		市实验示范高中	323—5	1 750 225.00
	单位定期存款		312	1 210 000.00
	活期储蓄存款	（变动户）	319	32 770.15
		刘亦阆	319—1	1 974.08
		罗茜敏	319—2	3 872.17
		胡小桂	319—3	2 749.15
		杨孝仁	319—5	6 594.00
		王华英	319—6	11 890.50
		张施丽	319—7	2 340.25
		程维斯	319—8	3 350.00
		谢子杰	319—9	
		余珊珊	319—10	
	定期储蓄存款		321	230 600.00
		李静漪	321—1	80 000.00
		郑姐婕	321—2	36 000.00
		杨正贤	321—3	19 000.00
		林秀青	321—4	17 500.00
		闵天华	321—5	50 000.00
		余珊珊	321—6	20 000.00
		宋剑兰	321—7	8 100.00
		胡小桂	321—8	
		夏利	321—9	
		罗茜敏	321—10	
		张施丽	321—11	
		姚忠良	321—12	
	单位信用卡存款		333	558 000.00
		南方财务公司	333—1	381 000.00
		紫藤工艺家具厂	333—2	177 000.00
	个人信用卡存款		334	125 887.85
		鲁方菲	334—1	26 200.31

续表

类别	总账账户名称	明细账账户名称	账号	余　　额
		郭大军	334—2	15 078.68
		汪霞	334—3	19 101.20
		黄玉梅	334—4	41 600.00
		赵楚丰	334—5	23 907.66
	应解汇款	应解汇款登记簿	342—1	
	开出汇票		336	42 065 000.00
		汇票保证金	336—1	
	开出本票		344	1 318 731.00
		本票保证金	344—1	
	其他应付款		400	
	手续费支出		720	
	手续费收入		705	
	存款利息支出		714	
		活期储蓄存款利息支出	714—1	
		定期储蓄存款利息支出	714—2	
	利息收入	代款利息收入	701—1	
		贴现利息收入	701—2	
共同	联行往来	往户	501—1	
		来户	501—2	
	同城票据清算	提出借方	511—1	
		提出贷方	511—2	
		提回借方	511—3	
		提回贷方	511—4	
表外		发出托收登记簿		
		银行承兑汇票		

（二）实训要求

1. 在总账名称栏写上科目名称，将余额填入期初余额栏。例如，设立“存放中央银行准备金”科目总账，假定期初余额为50 000元，该科目为资产类科目，余额填入借方，其格式如下，各科目总账余额均照此设置。

总　　账

科目：存放中央银行准备金

年　　月份			借　　方	贷　　方
上 年 底 余 额				
本年累计发生额				
上 月 底 余 额			50 000	
日　　期	发　生　额		余　　额	
	借　　方	贷　　方	借　　方	贷　　方
1				
2				
⋮				

2. 建立分户账。将各科目明细账户的户名及账号分别填入账页相应栏内，并结转各明细账户期初余额，其格式举例如下。各科目分户账均照此设置。

分　户　账

户名:市建筑工程一公司　　　　　　　　账号:303—1

年		摘　　要	对方科目	借　　方	贷　　方	借或贷	余　　额
月	日						
6.1		上月结转				贷	950 000

实训二　模拟银行储蓄业务的核算

（一）实训资料

江城 A 支行 6 月 20 日发生下列储蓄存款业务(活期存款利率 0.72%)。

(1) 储户王华英存入现金 1 000 元。

(2) 储户程维斯从活期账户取款 300 元。

(3) 储户张施丽存入现金 2 000 元。

(4) 储户刘亦阆持活期存折前来销户，经核对，本行应付其利息 36.21 元。

(5) 储户王华英支取现金 3 300 元。

(6) 客户谢子杰持现金 8 000 元要求开立活期储蓄存款账户。

(7) 储户罗茜敏存入现金 6 000 元。

(8) 储户杨孝仁存入现金 22 000 元。

(9) 储户胡小桂从活期存款中转出 2 000 元开立半年期整存整取定期储蓄存款账户。

(10) 储户李静漪要求从三年期整存整取存款账户 8 000 元中提前支取 5 000 元，经审核，该款项存入日期为去年 8 月 28 日。

(11) 储户林秀青持两年期整存整取存单 17 500 元来行要求支取利息，本金转存一年期整存整取定期存款账户。经审核，原存款到期日为本年 3 月 24 日，约定利率 3.33%。

(12) 储户闵天华持五年期整存整取存单 50 000 元来行要求全部提前支取。经审核，该存款于前年 5 月 6 日开户，约定利率 4.41%。

(13) 客户夏利持现金 4 000 元及身份证来行开立整存整取定期储蓄存款账户，期限三个月。

(14) 储户杨正贤来行支取半年期整存整取存款 19 000 元，该款项存入日期为去年 7 月 12 日，约定利率 2.43%。

(15) 活期储户罗茜敏从存款中支款 3 200 元开立一年期整存整取定期存款账户。

(16) 储户余珊珊存入的三年期定期存款今日到期，按其要求将本利和全部转入活期储蓄账户(该笔存款原定利率 3.96%)。

(17) 储户郑姐婕持今日到期的一年期整存整取存单 36 000 元来行支取本息(存入时约定一年期整存整取利率 2.79%)。

(18) 储户张施丽持现金 4 500 元要求开立两年期整存整取账户。

(19) 客户姚忠良以现金 7 880 元存入本行一年期整存整取定期储蓄存款账户。

(20) 储户宋剑兰来行支取定期存款 8 100 元，经审核，该存款今日到期，存期五年，约定利率 3.33%。

（二）实训要求

1. 根据所给资料编制各笔业务相应的会计凭证(空白银行会计凭证见后附)。

(1) 对活期储蓄存款应编制活期储蓄存款凭条(共 6 张)及取款凭条(共 5 张),如涉及利息计算则应编制利息清单一联(共 1 份);

(2) 定期储蓄存款应编制定期储蓄存单(共 14 份),利息清单(共 7 份)。

2. 根据填制完整的银行会计凭证,经审核无误后登记江城 A 支行相关分户账。

(1) 根据活期储蓄存款凭条,登记活期储蓄分户账贷方及现金收入日记簿并结出余额;根据活期储蓄取款凭条,登记活期储蓄分户账借方及现金付出日记簿并结出余额,记账后存款凭条应加盖现金收讫章,取款凭条加盖现金付讫章。

(2) 根据定期储蓄存单,登记现金付出日记簿并计算应付利息,定期储蓄存单加盖现金付讫章后留存。

(3) 根据利息清单,登记“存款利息支出”(新设该科目总账和分户账)及现金付出日记簿,记账后加盖现金付讫章并留存。

活期储蓄存款凭条 ㊎活

科目　　　　　　　　　　　　　　月　　日　　　　　　　　对方科目________

账　号________			户　名________													凭存折印鉴支取						
存入人民币________			万	千	百	十	元	角	分													
银行填写	存款余额	万	千	百	十	元	角	分	利息余额	千	百	十	元	角	分	厘						

附件　　张

事后复核员　　　　　　　　　复核员　　　　　　　　　经办员

活期储蓄存款凭条 ㊎活

科目　　　　　　　　　　　　　　月　　日　　　　　　　　对方科目________

账　号________　户　名________　凭存折印鉴支取

存入人民币________　万千百十元角分

银行填写　存款余额　万千百十元角分　利息余额　千百十元角分厘

附件　　张

事后复核员　　　　　　　　　复核员　　　　　　　　　经办员

活期储蓄存款凭条 ㊎活

科目　　　　　　　　　　　　　　月　　日　　　　　　　　对方科目________

账　号________　户　名________　凭存折印鉴支取

存入人民币________　万千百十元角分

银行填写　存款余额　万千百十元角分　利息余额　千百十元角分厘

附件　　张

事后复核员　　　　　　　　　复核员　　　　　　　　　经办员

活期储蓄存款凭条 (活)

科目　　　　　　　　　　　　　　月　　日　　　　　　　　对方科目________

<table>
<tr><td colspan="3">账　号________________　户　名________________</td><td colspan="2">凭存折印鉴支取</td><td rowspan="3">附件　张</td></tr>
<tr><td colspan="3">存入人民币________________　万|千|百|十|元|角|分</td><td colspan="2"></td></tr>
<tr><td>银行填写</td><td>存款余额</td><td>万|千|百|十|元|角|分</td><td>利息余额</td><td>千|百|十|元|角|分|厘</td></tr>
</table>

事后复核员　　　　　　　　　复核员　　　　　　　　　经办员

活期储蓄存款凭条 (活)

科目　　　　　　　　　　　　　　月　　日　　　　　　　　对方科目________

<table>
<tr><td colspan="3">账　号________________　户　名________________</td><td colspan="2">凭存折印鉴支取</td><td rowspan="3">附件　张</td></tr>
<tr><td colspan="3">存入人民币________________　万|千|百|十|元|角|分</td><td colspan="2"></td></tr>
<tr><td>银行填写</td><td>存款余额</td><td>万|千|百|十|元|角|分</td><td>利息余额</td><td>千|百|十|元|角|分|厘</td></tr>
</table>

事后复核员　　　　　　　　　复核员　　　　　　　　　经办员

活期储蓄存款凭条 (活)

科目　　　　　　　　　　　　　　月　　日　　　　　　　　对方科目________

<table>
<tr><td colspan="3">账　号________________　户　名________________</td><td colspan="2">凭存折印鉴支取</td><td rowspan="3">附件　张</td></tr>
<tr><td colspan="3">存入人民币________________　万|千|百|十|元|角|分</td><td colspan="2"></td></tr>
<tr><td>银行填写</td><td>存款余额</td><td>万|千|百|十|元|角|分</td><td>利息余额</td><td>千|百|十|元|角|分|厘</td></tr>
</table>

事后复核员　　　　　　　　　复核员　　　　　　　　　经办员

活期储蓄取款凭条 (活)

科目　　　　　　　　　　　　　月　　日　　　　　　　　　对方科目________

<table>
<tr><td colspan="4">账　号________________　户　名________________
支取人民币________________　万千百十元角分</td><td>凭存折印鉴支取</td></tr>
<tr><td>银行填写</td><td>存款余额</td><td>万千百十元角分</td><td>利息余额</td><td>千百十元角分厘</td></tr>
</table>

附件　张

事后复核员　　　　　　　　复核员　　　　　　　　经办员

活期储蓄取款凭条 (活)

科目　　　　　　　　　　　　　月　　日　　　　　　　　　对方科目________

<table>
<tr><td colspan="4">账　号________________　户　名________________
支取人民币________________　万千百十元角分</td><td>凭存折印鉴支取</td></tr>
<tr><td>银行填写</td><td>存款余额</td><td>万千百十元角分</td><td>利息余额</td><td>千百十元角分厘</td></tr>
</table>

附件　张

事后复核员　　　　　　　　复核员　　　　　　　　经办员

活期储蓄取款凭条 (活)

科目　　　　　　　　　　　　　月　　日　　　　　　　　　对方科目________

<table>
<tr><td colspan="4">账　号________________　户　名________________
支取人民币________________　万千百十元角分</td><td>凭存折印鉴支取</td></tr>
<tr><td>银行填写</td><td>存款余额</td><td>万千百十元角分</td><td>利息余额</td><td>千百十元角分厘</td></tr>
</table>

附件　张

事后复核员　　　　　　　　复核员　　　　　　　　经办员

活期储蓄取款凭条 ㊌

科目　　　　　　　　　　　　月　　日　　　　　　　　对方科目________

账　号____________　户　名____________				凭存折印鉴支取
支取人民币____________		万千百十元角分		
银行填写	存款余额	万千百十元角分	利息余额	千百十元角分厘

附件　　张

事后复核员　　　　　　复核员　　　　　　经办员

活期储蓄取款凭条 ㊌

科目　　　　　　　　　　　　月　　日　　　　　　　　对方科目________

账　号____________　户　名____________				凭存折印鉴支取
支取人民币____________		万千百十元角分		
银行填写	存款余额	万千百十元角分	利息余额	千百十元角分厘

附件　　张

事后复核员　　　　　　复核员　　　　　　经办员

储蓄存款利息清单 ①

存款日期　　年　　月　　日　　　　　　取款日期　　年　　月　　日

存款种类及本金		账　号	利　息
整存整取	活　期		

____________储蓄所　　　　复核　　　　　　经办

整存整取定期储蓄存单

科目（贷）：　　　　　　　　　　　　　　　　　　　　对方科目：

存入日期　　年　　月　　日　　　　支取日期　　年　　月　　日

户名………………　　账号………………

存入人民币（大写）　　　　　　　　　　¥………………

期限：　　年于　　年　　月　　日起息到期，利率　　计息。

<table>
<tr><td>到期利息¥……</td><td colspan="7">本金及利息合计</td><td rowspan="3">储户印鉴</td><td rowspan="3"></td></tr>
<tr><td>过期提前（存期____ 利率____%）利息¥……</td><td>万</td><td>千</td><td>百</td><td>十</td><td>元</td><td>角</td><td>分</td></tr>
<tr><td>合计利息¥……</td><td></td><td></td><td></td><td></td><td></td><td></td><td></td></tr>
</table>

（银行签章处）　　附件　　张

储蓄所出纳　　　　　　复核　　　　　　记账

整存整取定期储蓄存单

科目（借）：　　　　　　　　　　　　　　　　　　　　对方科目：

存入日期　　年　　月　　日　　　　支取日期　　年　　月　　日

户名………………　　账号………………

存入人民币（大写）　　　　　　　　　　¥………………

期限：　　年于　　年　　月　　日起息到期，利率　　计息。

<table>
<tr><td>到期利息¥……</td><td colspan="7">本金及利息合计</td><td rowspan="3">储户印鉴</td><td rowspan="3"></td></tr>
<tr><td>过期提前（存期____ 利率____%）利息¥……</td><td>万</td><td>千</td><td>百</td><td>十</td><td>元</td><td>角</td><td>分</td></tr>
<tr><td>合计利息¥……</td><td></td><td></td><td></td><td></td><td></td><td></td><td></td></tr>
</table>

（银行签章处）　　附件　　张

储蓄所出纳　　　　　　复核　　　　　　记账

整存整取定期储蓄存单

科目(贷)：　　　　　　　　　　　　　　　　　　　　对方科目：

存入日期　年　月　日　　　　支取日期　年　月　日

户名……………… 账号………………

存入人民币（大写）　　　　　　　　￥………………

期限：　年于　年　月　日　起息到期，利率　　计息。

<table>
<tr><td>到 期 利 息￥…………</td><td colspan="7">本金及利息合计</td><td rowspan="3">储户印鉴</td><td rowspan="3"></td></tr>
<tr><td>过期提前（存期____ 利率____%）利息￥…………</td><td>万</td><td>千</td><td>百</td><td>十</td><td>元</td><td>角</td><td>分</td></tr>
<tr><td>合 计 利 息￥…………</td><td></td><td></td><td></td><td></td><td></td><td></td><td></td></tr>
</table>

（银行签章处）

附件　张

储蓄所出纳　　　　　　复核　　　　　　记账

整存整取定期储蓄存单

科目(借)：　　　　　　　　　　　　　　　　　　　　对方科目：

存入日期　年　月　日　　　　支取日期　年　月　日

户名……………… 账号………………

存入人民币（大写）　　　　　　　　￥………………

期限：　年于　年　月　日　起息到期，利率　　计息。

<table>
<tr><td>到 期 利 息￥…………</td><td colspan="7">本金及利息合计</td><td rowspan="3">储户印鉴</td><td rowspan="3"></td></tr>
<tr><td>过期提前（存期____ 利率____%）利息￥…………</td><td>万</td><td>千</td><td>百</td><td>十</td><td>元</td><td>角</td><td>分</td></tr>
<tr><td>合 计 利 息￥…………</td><td></td><td></td><td></td><td></td><td></td><td></td><td></td></tr>
</table>

（银行签章处）

附件　张

储蓄所出纳　　　　　　复核　　　　　　记账

整存整取定期储蓄存单

科目(贷)：　　　　　　　　　　　　　　　　　　　　　　对方科目：

存入日期　　年　　月　　日　　　　　　　　支取日期　　年　　月　　日

户名…………………………　账号…………………………

存入人民币（大写）　　　　　　　　　　　　　　¥…………………………

期限：　　年于　　年　　月　　日　起息到期，利率　　　计息。

到期利息¥…………	本金及利息合计							储户印鉴	
过期提前（存期____ 利率____%）利息¥…………	万	千	百	十	元	角	分		
合计利息¥…………									

附件（银行签章处）张

储蓄所出纳　　　　　　　　复核　　　　　　　　记账

整存整取定期储蓄存单

科目(借)：　　　　　　　　　　　　　　　　　　　　　　对方科目：

存入日期　　年　　月　　日　　　　　　　　支取日期　　年　　月　　日

户名…………………………　账号…………………………

存入人民币（大写）　　　　　　　　　　　　　　¥…………………………

期限：　　年于　　年　　月　　日　起息到期，利率　　　计息。

到期利息¥…………	本金及利息合计							储户印鉴	
过期提前（存期____ 利率____%）利息¥…………	万	千	百	十	元	角	分		
合计利息¥…………									

附件（银行签章处）张

储蓄所出纳　　　　　　　　复核　　　　　　　　记账

整存整取定期储蓄存单

科目(贷)：　　　　　　　　　　　　　　　　　　　　对方科目：

<table>
<tr><td colspan="12">存入日期　年　月　日　　　　支取日期　年　月　日
户名………………　账号………………
存入人民币（大写）　　　　　　　　¥………………
期限：　年于　年　月　日　起息/到期，利率　计息。</td></tr>
<tr><td>到期利息¥………………</td><td colspan="7">本金及利息合计</td><td rowspan="3">储户印鉴</td><td rowspan="3"></td></tr>
<tr><td>过期/提前（存期____ 利率____%）利息¥…………</td><td>万</td><td>千</td><td>百</td><td>十</td><td>元</td><td>角</td><td>分</td></tr>
<tr><td>合计利息¥………………</td><td></td><td></td><td></td><td></td><td></td><td></td><td></td></tr>
</table>

（银行签章处）

附件　张

储蓄所出纳　　　　　　复核　　　　　　记账

整存整取定期储蓄存单

科目(借)：　　　　　　　　　　　　　　　　　　　　对方科目：

<table>
<tr><td colspan="12">存入日期　年　月　日　　　　支取日期　年　月　日
户名………………　账号………………
存入人民币（大写）　　　　　　　　¥………………
期限：　年于　年　月　日　起息/到期，利率　计息。</td></tr>
<tr><td>到期利息¥………………</td><td colspan="7">本金及利息合计</td><td rowspan="3">储户印鉴</td><td rowspan="3"></td></tr>
<tr><td>过期/提前（存期____ 利率____%）利息¥…………</td><td>万</td><td>千</td><td>百</td><td>十</td><td>元</td><td>角</td><td>分</td></tr>
<tr><td>合计利息¥………………</td><td></td><td></td><td></td><td></td><td></td><td></td><td></td></tr>
</table>

（银行签章处）

附件　张

储蓄所出纳　　　　　　复核　　　　　　记账

整存整取定期储蓄存单

科目(贷)：　　　　　　　　　　　　　　　　　　　　　　　　对方科目：

存入日期　　年　　月　　日　　　　　　支取日期　　年　　月　　日

户名……………………　账号……………………

存入人民币（大写）　　　　　　　　　　　　¥……………………

期限：　　年于　　年　　月　　日　起息/到期，利率　　　计息。

到期利息¥……………	本金及利息合计							储户印鉴	
过期/提前（存期＿＿ 利率＿＿%）利息¥…………	万	千	百	十	元	角	分		
合计利息¥……………									

附件　张（银行签章处）

储蓄所出纳　　　　　　　　复核　　　　　　　　记账

整存整取定期储蓄存单

科目(借)：　　　　　　　　　　　　　　　　　　　　　　　　对方科目：

存入日期　　年　　月　　日　　　　　　支取日期　　年　　月　　日

户名……………………　账号……………………

存入人民币（大写）　　　　　　　　　　　　¥……………………

期限：　　年于　　年　　月　　日　起息/到期，利率　　　计息。

到期利息¥……………	本金及利息合计							储户印鉴	
过期/提前（存期＿＿ 利率＿＿%）利息¥…………	万	千	百	十	元	角	分		
合计利息¥……………									

附件　张（银行签章处）

储蓄所出纳　　　　　　　　复核　　　　　　　　记账

整存整取定期储蓄存单

科目(借)：　　　　　　　　　　　　　　　　　　对方科目：

存入日期　　年　　月　　日　　　　　　支取日期　　年　　月　　日

户名________________　　账号________________

存入人民币(大写)　　　　　　　　　　¥________________

期限：　　年于　　年　　月　　日起息到期，利率　　计息。

<table>
<tr><td>到期利息¥________</td><td colspan="7">本金及利息合计</td><td rowspan="3">储户印鉴</td><td rowspan="3"></td></tr>
<tr><td>过期提前(存期____ 利率____%)利息¥________</td><td>万</td><td>千</td><td>百</td><td>十</td><td>元</td><td>角</td><td>分</td></tr>
<tr><td>合计利息¥________</td><td></td><td></td><td></td><td></td><td></td><td></td><td></td></tr>
</table>

附件　张（银行签章处）

储蓄所出纳　　　　　　　　复核　　　　　　　　记账

整存整取定期储蓄存单

科目(贷)：　　　　　　　　　　　　　　　　　　对方科目：

存入日期　　年　　月　　日　　　　　　支取日期　　年　　月　　日

户名________________　　账号________________

存入人民币(大写)　　　　　　　　　　¥________________

期限：　　年于　　年　　月　　日起息到期，利率　　计息。

<table>
<tr><td>到期利息¥________</td><td colspan="7">本金及利息合计</td><td rowspan="3">储户印鉴</td><td rowspan="3"></td></tr>
<tr><td>过期提前(存期____ 利率____%)利息¥________</td><td>万</td><td>千</td><td>百</td><td>十</td><td>元</td><td>角</td><td>分</td></tr>
<tr><td>合计利息¥________</td><td></td><td></td><td></td><td></td><td></td><td></td><td></td></tr>
</table>

附件　张（银行签章处）

储蓄所出纳　　　　　　　　复核　　　　　　　　记账

整存整取定期储蓄存单

科目(贷)： 对方科目：

存入日期 年 月 日 支取日期 年 月 日

户名…………………… 账号……………………

存入人民币（大写） ¥……………………

期限： 年于 年 月 日 起息/到期，利率 计息。

<table>
<tr><td>到期利息¥……………………</td><td colspan="7">本金及利息合计</td><td rowspan="3">储户印鉴</td><td rowspan="3"></td></tr>
<tr><td>过期/提前（存期____ 利率____%）利息¥……………</td><td>万</td><td>千</td><td>百</td><td>十</td><td>元</td><td>角</td><td>分</td></tr>
<tr><td>合计利息¥……………………</td><td></td><td></td><td></td><td></td><td></td><td></td><td></td></tr>
</table>

附件 张 （银行签章处）

储蓄所出纳 复核 记账

整存整取定期储蓄存单

科目(借)： 对方科目：

存入日期 年 月 日 支取日期 年 月 日

户名…………………… 账号……………………

存入人民币（大写） ¥……………………

期限： 年于 年 月 日 起息/到期，利率 计息。

<table>
<tr><td>到期利息¥……………………</td><td colspan="7">本金及利息合计</td><td rowspan="3">储户印鉴</td><td rowspan="3"></td></tr>
<tr><td>过期/提前（存期____ 利率____%）利息¥……………</td><td>万</td><td>千</td><td>百</td><td>十</td><td>元</td><td>角</td><td>分</td></tr>
<tr><td>合计利息¥……………………</td><td></td><td></td><td></td><td></td><td></td><td></td><td></td></tr>
</table>

附件 张 （银行签章处）

储蓄所出纳 复核 记账

储蓄存款利息清单 ①

存款日期　　年　　月　　日　　　　　　　　取款日期　　年　　月　　日

存款种类及本金		账　号	利　息
整存整取	活　期		

________储蓄所　　　　复核　　　　经办

储蓄存款利息清单 ①

存款日期　　年　　月　　日　　　　　　　　取款日期　　年　　月　　日

存款种类及本金		账　号	利　息
整存整取	活　期		

________储蓄所　　　　复核　　　　经办

储蓄存款利息清单 ①

存款日期　　年　　月　　日　　　　　　　　取款日期　　年　　月　　日

存款种类及本金		账　号	利　息
整存整取	活　期		

________储蓄所　　　　复核　　　　经办

储蓄存款利息清单 ①

存款日期　　年　　月　　日　　　　　　　　取款日期　　年　　月　　日

存款种类及本金		账　号	利　息
整存整取	活　期		

________储蓄所　　　　复核　　　　经办

储蓄存款利息清单 ①

存款日期　　年　月　日　　　　取款日期　　年　月　日

存款种类及本金		账　号	利　息
整存整取	活　期		

＿＿＿＿＿＿储蓄所　　复核　　经办

储蓄存款利息清单 ①

存款日期　　年　月　日　　　　取款日期　　年　月　日

存款种类及本金		账　号	利　息
整存整取	活　期		

＿＿＿＿＿＿储蓄所　　复核　　经办

储蓄存款利息清单 ①

存款日期　　年　月　日　　　　取款日期　　年　月　日

存款种类及本金		账　号	利　息
整存整取	活　期		

＿＿＿＿＿＿储蓄所　　复核　　经办

实训三　模拟银行现金交款单、现金支票、转账支票、银行本票业务的核算

（一）实训资料

江城 A 支行 6 月 20 日发生下列单位存款及同城票据结算业务。

(1) 省经济综合大学送交现金支票，金额 60 000 元，系支付职工差旅费。

(2) 中心百货商城存入营业收入现金 48 110 元。

(3) 国营白莲湖农场签发转账支票并代省电力设计院填写进账单一份，金额 11 000 元，用于支付工程设计款。

(4) 省国税局直属分局提取业务周转金 33 000 元。

(5) 中南石油工业公司存入销售收入现金 8 500 元。

(6) 市公汽三公司取现金 126 000 元发工资。

(7) 常青花园酒店送交进账单及市实验示范高中签发的转账支票一份，金额 18 000 元，系支付会议费。

(8) 家家乐超市取备用金 100 000 元。

(9) 新时尚商业大厦签发现金支票 48 000 元，备用。

(10) 个体户赵华存入其家电维修店业务收入现金 18 000 元。

(11) 先锋电子公司提交转账支票及进账单，金额 21 050.77 元，系支付省外贸服装加工厂货款。

(12) 大桥食品加工厂送交进账单及常青花园酒店签发的用于支付进购食品货款的转账支票一份，金额 357 200 元。

(13) 市公汽三公司签发转账支票向江城 B 支行客户国营大型汽车制造厂（账号 B—302—25）支付购车款 170 000 元。

(14) 江南钢铁公司签发转账支票并代江城 B 支行客户省电子工业公司（账号 B—302—16）填写进账单一份，金额 33 700 元，支付购置设备的款项。

(15) 新时尚商业大厦持进账单及江城 C 支行客户省电视台（账号 C—323—11）签发的转账支票（出票日期 6 月 18 日），金额 84 409 元，办理进账。

(16) 受理省经济综合大学提交转账支票及进账单，金额 12 000 元，收款人为扬帆五金建材商场。

(17) 中南石油工业公司从存款中转账支付云湖水上度假村住宿费10 217.68元。

(18) 华中医学院持转账支票及进账单向江城 E 支行客户江天医疗器械厂（账号 E—310—12）支付器材款 33 025 元。

(19) 大桥食品加工厂持进账单及江城 B 支行客户市第一中学（账号B—323—18）签发的转账支票一份（出票日期 6 月 19 日），金额 84 109 元，办理货款进账。

(20) 市建筑工程一公司签发转账支票并代江城 D 支行客户中外合资电线电缆厂（账号 D—310—22）填写进账单一份，金额 20 000 元，支付材料款。

(21) 常青花园酒店持转账支票(出票日期 6 月 17 日)及进账单办理顺进账,金额14 060元,付款人为江城 B 支行客户商业个体户余卫国(账号 B—315—21),系支付住宿费。

(22) 中心百货商城提交转账支票及进账单办理商品销售进账手续,货款92 000元,支票出票人为江城 E 支行开户的九洲大宾馆(账号 E—306—15)。

(23) 佳美装饰公司持进账单及江城 C 支行客户省长途汽车客运站(账号 C—306—31)签发的转账支票一份,金额 13 000 元,办理进账。

(24) 国营白莲湖农场办理倒进账手续,向江城 D 支行客户科达生物制药厂(账号 D—302—24)支付农药款 55 008 元。

(25) 山水风情旅行社提交银行本票申请书一份,金额 50 000 元,申请签发银行本票,审核无误予以办理。

(26) 客户周本吾持现金 30 000 来行签发现金银行本票。

(27) 省电力设计院送交银行本票申请书,申请从其活期账户支款 40 000 元用于签发银行本票。

(28) 江南钢铁公司填写银行本票申请书一份,申请签发银行本票一份,金额 25 000 元。

(29) 市建筑工程一公司从其活期存款账户支款 10 000 元申请签发银行本票一份。

(30) 中心百货商城送交进账单及江城 B 支行签发的银行本票一份(出票日期本月 3 号),金额 62 000 元,申请人为迎宾海鲜酒楼。

(二) 实训要求

1. 根据以上各笔经济业务分别填制相关银行会计凭证(空白银行会计凭证见后附)。

(1) 现金收入业务应编制现金交款单。

(2) 现金付出业务应编制现金支票。

(3) 转账业务应编制转账支票及进账单。

(4) 银行本票业务应编制银行本票一式二联及本票申请书。

2. 根据填写完整并经审核无误的银行会计凭证登记江城 A 支行相关分户账。

(1) 受理现金缴款单 3 份。将现金缴款单的第二联一方面登记各分户账贷方并结出余额,另一方面登记现金收入日记簿后,加盖现金收讫章。

(2) 受理现金支票 5 份。根据现金支票,一方面登记各分户账借方并结出余额,另一方面登记现金付出日记簿。现金支票必须加盖现金付讫章。

(3) 受理转账支票 16 份及进账单 16 份。

① 出票人与持票人在同一银行开户(共 6 份):根据转账支票登记出票人分户账借方并结出余额,记账后加盖转讫章留存;进账单的第二联登记收款人分户账贷方并结出余额。

② 出票人与持票人在不同银行开户(共 10 份):若持票人办理顺进账(共 5 份),则将进账单第一联加盖业务公章后交客户,第二联专夹保管,转账支票加盖结算专用章准备提

出交换；若出票人办理倒进账（共 5 份），则根据转账支票，登记出票人分户账借方并结出余额，记账后加盖转讫章留存；进账单第一联加盖业务公章后交客户，第二联均加盖结算专用章准备提出交换。

（4）受理银行本票（共 6 份）及银行本票申请书（共 5 份）。根据银行本票申请书，第二联登记申请人分户账借方（交现金的此联注销），第三联登记“开出本票”科目的贷方并结出余额，记账后均加盖转讫章留存，申请书第一联加盖业务公章，连同银行本票一并交客户。

（5）将以上各笔经济业务中属于同城他行的会计凭证按行别清分后，分别加计金额及凭证张数，准备提出交换。

现金交款单

缴款日期　　年　　月　　日

交款单位	全　称		账　号	
	开户行		款项来源	
人民币（大写）				十万千百十元角分
现金收讫		出纳复核员　出纳收款员		
		会计复核员　记　账　员		

第二联：收款人开户行代现金收入传票

现金交款单

缴款日期　　年　　月　　日

交款单位	全　称		账　号	
	开户行		款项来源	
人民币（大写）				十万千百十元角分
现金收讫		出纳复核员　出纳收款员		
		会计复核员　记　账　员		

第二联：收款人开户行代现金收入传票

现金交款单

缴款日期　　年　　月　　日

交款单位	全　称		账　号	
	开户行		款项来源	
人民币（大写）				十万千百十元角分
现金收讫		出纳复核员　出纳收款员		
		会计复核员　记　账　员		

第二联：收款人开户行代现金收入传票

中国　　银行　现金支票

出票日期(大写)　　　　年　　　　月　　　　日　　　　付款行名称：

收款人：　　　　　　　　　　　　　　　　　　　　　　出票人账号：

人民币 (大写)	亿	千	百	十	万	千	百	十	元	角	分
用途＿＿＿＿＿ 上列款项请从 我账户内支付 出票人签章　　　　　　复核　　　　记账											

中国　　银行　现金支票

出票日期(大写)　　　　年　　　　月　　　　日　　　　付款行名称：

收款人：　　　　　　　　　　　　　　　　　　　　　　出票人账号：

人民币 (大写)	亿	千	百	十	万	千	百	十	元	角	分
用途＿＿＿＿＿ 上列款项请从 我账户内支付 出票人签章　　　　　　复核　　　　记账											

中国　　银行　现金支票

出票日期(大写)　　　　年　　　　月　　　　日　　　　付款行名称：

收款人：　　　　　　　　　　　　　　　　　　　　　　出票人账号：

人民币 (大写)	亿	千	百	十	万	千	百	十	元	角	分
用途＿＿＿＿＿ 上列款项请从 我账户内支付 出票人签章　　　　　　复核　　　　记账											

中国　　银行　现金支票

出票日期(大写)　　　　年　　月　　日　　　　付款行名称：

收款人：　　　　　　　　　　　　　　　　　　出票人账号：

人民币 (大写)	亿	千	百	十	万	千	百	十	元	角	分
用途________ 上列款项请从 我账户内支付 出票人签章　　　　复核　　　　记账											

中国　　银行　现金支票

出票日期(大写)　　　　年　　月　　日　　　　付款行名称：

收款人：　　　　　　　　　　　　　　　　　　出票人账号：

人民币 (大写)	亿	千	百	十	万	千	百	十	元	角	分
用途________ 上列款项请从 我账户内支付 出票人签章　　　　复核　　　　记账											

中国　　银行　转账支票

出票日期(大写)　　　　年　　月　　日　　　　付款行名称：

收款人：　　　　　　　　　　　　　　　　　　出票人账号：

人民币 (大写)	亿	千	百	十	万	千	百	十	元	角	分
用途________ 上列款项请从 我账户内支付 出票人签章　　　　复核　　　　记账											

银行　进账单（贷方凭证）2

年　月　日

出票人	全　称		收款人	全　称	
	账　号			账　号	
	开户行			开户行	
金额	人民币（大写）				亿千百十万千百十元角分
票据种类		票据张数			
票据号码					
备注：			复核　　记账		

此联由收款人开户行作贷方凭证

中国　　银行　转账支票

出票日期（大写）　　年　　月　　日　　付款行名称：

收款人：　　出票人账号：

人民币（大写）	亿千百十万千百十元角分
用途______ 上列款项请从 我账户内支付 出票人签章	复核　　记账

银行　进账单（贷方凭证）2

年　月　日

出票人	全　称		收款人	全　称	
	账　号			账　号	
	开户行			开户行	
金额	人民币（大写）				亿千百十万千百十元角分
票据种类		票据张数			
票据号码					
备注：			复核　　记账		

此联由收款人开户行作贷方凭证

中国　　银行　转账支票

出票日期(大写)　　　　年　　　月　　　日　　　付款行名称：

收款人：　　　　　　　　　　　　　　　　　　　出票人账号：

	亿	千	百	十	万	千	百	十	元	角	分
人民币 （大写）											

用途＿＿＿＿＿＿ 上列款项请从 我账户内支付 出票人签章　　　　　　　　　　　　复核　　　　记账

银行　进账单　（贷方凭证）　2

年　月　日

<table>
<tr><td rowspan="3">出票人</td><td>全　　称</td><td></td><td rowspan="3">收款人</td><td>全　　称</td><td></td></tr>
<tr><td>账　　号</td><td></td><td>账　　号</td><td></td></tr>
<tr><td>开 户 行</td><td></td><td>开 户 行</td><td></td></tr>
</table>

金额		亿	千	百	十	万	千	百	十	元	角	分
	人民币 （大写）											

<table>
<tr><td>票据种类</td><td></td><td>票据张数</td><td></td><td rowspan="3">复核　　　　记账</td></tr>
<tr><td>票据号码</td><td colspan="3"></td></tr>
<tr><td colspan="4">备注：</td></tr>
</table>

此联由收款人开户行作贷方凭证

中国　　银行　转账支票

出票日期(大写)　　　　年　　　月　　　日　　　付款行名称：

收款人：　　　　　　　　　　　　　　　　　　　出票人账号：

	亿	千	百	十	万	千	百	十	元	角	分
人民币 （大写）											

用途＿＿＿＿＿＿ 上列款项请从 我账户内支付 出票人签章　　　　　　　　　　　　复核　　　　记账

银行　进账单 （贷方凭证） 2

年　月　日

出票人	全　称		收款人	全　称	
	账　号			账　号	
	开户行			开户行	

金额	人民币（大写）	亿	千	百	十	万	千	百	十	元	角	分

票据种类		票据张数		
票据号码				
备注：				复核　　记账

此联由收款人开户行作贷方凭证

中国　　银行　转账支票

出票日期（大写）　　年　　月　　日　　付款行名称：

收款人：　　出票人账号：

人民币（大写）	亿	千	百	十	万	千	百	十	元	角	分

用途________ 上列款项请从 我账户内支付 出票人签章	复核　　记账

银行　进账单 （贷方凭证） 2

年　月　日

出票人	全　称		收款人	全　称	
	账　号			账　号	
	开户行			开户行	

金额	人民币（大写）	亿	千	百	十	万	千	百	十	元	角	分

票据种类		票据张数		
票据号码				
备注：				复核　　记账

此联由收款人开户行作贷方凭证

中国　　银行　转账支票

出票日期(大写)　　　　年　　　月　　　日　　　　付款行名称：

收款人：　　　　　　　　　　　　　　　　　　　　出票人账号：

	亿	千	百	十	万	千	百	十	元	角	分
人民币 (大写)											
用途________ 上列款项请从 我账户内支付 出票人签章　　　　复核　　　记账											

银行　进账单 (贷方凭证) 2

年　月　日

出票人	全　称		收款人	全　称	
	账　号			账　号	
	开户行			开户行	

		亿	千	百	十	万	千	百	十	元	角	分
金额	人民币 (大写)											

票据种类		票据张数		
票据号码				
备注：				复核　　　记账

此联由收款人开户行作贷方凭证

中国　　银行　转账支票

出票日期(大写)　　　　年　　　月　　　日　　　　付款行名称：

收款人：　　　　　　　　　　　　　　　　　　　　出票人账号：

	亿	千	百	十	万	千	百	十	元	角	分
人民币 (大写)											
用途________ 上列款项请从 我账户内支付 出票人签章　　　　复核　　　记账											

银行　进账单（贷方凭证）2

年　月　日

出票人	全　称		收款人	全　称	
	账　号			账　号	
	开户行			开户行	
金额	人民币（大写）				亿 千 百 十 万 千 百 十 元 角 分
票据种类		票据张数			
票据号码					
备注：				复核　记账	

此联由收款人开户行作贷方凭证

中国　银行　转账支票

出票日期（大写）　年　月　日　付款行名称：

收款人：　出票人账号：

人民币（大写）	亿 千 百 十 万 千 百 十 元 角 分
用途 上列款项请从 我账户内支付 出票人签章	复核　记账

银行　进账单（贷方凭证）2

年　月　日

出票人	全　称		收款人	全　称	
	账　号			账　号	
	开户行			开户行	
金额	人民币（大写）				亿 千 百 十 万 千 百 十 元 角 分
票据种类		票据张数			
票据号码					
备注：				复核　记账	

此联由收款人开户行作贷方凭证

中国　　银行　转账支票

出票日期（大写）　　　　年　　　月　　　日　　　　付款行名称：

收款人：　　　　　　　　　　　　　　　　　　　　　出票人账号：

<table>
<tr><td rowspan="2">人民币
（大写）</td><td>亿</td><td>千</td><td>百</td><td>十</td><td>万</td><td>千</td><td>百</td><td>十</td><td>元</td><td>角</td><td>分</td></tr>
<tr><td></td><td></td><td></td><td></td><td></td><td></td><td></td><td></td><td></td><td></td><td></td></tr>
<tr><td colspan="12">用途____________
上列款项请从
我账户内支付
出票人签章　　　　　　　　　　　　　　复核　　　　　记账</td></tr>
</table>

银行　进账单　（贷方凭证）　2

年　月　日

<table>
<tr><td rowspan="3">出票人</td><td>全　　称</td><td></td><td rowspan="3">收款人</td><td>全　　称</td><td colspan="2"></td></tr>
<tr><td>账　　号</td><td></td><td>账　　号</td><td colspan="2"></td></tr>
<tr><td>开 户 行</td><td></td><td>开 户 行</td><td colspan="2"></td></tr>
<tr><td>金额</td><td colspan="5">人民币
（大写）</td><td>亿 千 百 十 万 千 百 十 元 角 分</td></tr>
<tr><td colspan="2">票据种类</td><td></td><td>票据张数</td><td></td><td colspan="2" rowspan="3">复核　　　　　记账</td></tr>
<tr><td colspan="2">票据号码</td><td colspan="3"></td></tr>
<tr><td colspan="5">备注：</td></tr>
</table>

此联由收款人开户行作贷方凭证

中国　　银行　转账支票

出票日期（大写）　　　　年　　　月　　　日　　　　付款行名称：

收款人：　　　　　　　　　　　　　　　　　　　　　出票人账号：

<table>
<tr><td rowspan="2">人民币
（大写）</td><td>亿</td><td>千</td><td>百</td><td>十</td><td>万</td><td>千</td><td>百</td><td>十</td><td>元</td><td>角</td><td>分</td></tr>
<tr><td></td><td></td><td></td><td></td><td></td><td></td><td></td><td></td><td></td><td></td><td></td></tr>
<tr><td colspan="12">用途____________
上列款项请从
我账户内支付
出票人签章　　　　　　　　　　　　　　复核　　　　　记账</td></tr>
</table>

银行　进账单 （贷方凭证） 2

年　月　日

出票人	全　称		收款人	全　称	
	账　号			账　号	
	开户行			开户行	

		亿	千	百	十	万	千	百	十	元	角	分
金额	人民币 （大写）											

票据种类		票据张数		
票据号码				
备注：				复核　　记账

此联由收款人开户行作贷方凭证

中国　银行　转账支票

出票日期（大写）　年　月　日　付款行名称：

收款人：　出票人账号：

	亿	千	百	十	万	千	百	十	元	角	分
人民币 （大写）											

用途________

上列款项请从

我账户内支付

出票人签章　　复核　　记账

银行　进账单 （贷方凭证） 2

年　月　日

出票人	全　称		收款人	全　称	
	账　号			账　号	
	开户行			开户行	

		亿	千	百	十	万	千	百	十	元	角	分
金额	人民币 （大写）											

票据种类		票据张数		
票据号码				
备注：				复核　　记账

此联由收款人开户行作贷方凭证

中国　　银行　转账支票

出票日期(大写)　　年　　月　　日　　付款行名称：

收款人：　　出票人账号：

	亿	千	百	十	万	千	百	十	元	角	分
人民币 (大写)											
用途＿＿＿＿＿ 上列款项请从 我账户内支付 出票人签章　　复核　　记账											

银行　进账单　(贷方凭证)　2

年　月　日

出票人	全　称		收款人	全　称	
	账　号			账　号	
	开户行			开户行	

金额	人民币(大写)	亿	千	百	十	万	千	百	十	元	角	分

票据种类		票据张数		
票据号码				
备注：				复核　　记账

此联由收款人开户行作贷方凭证

中国　　银行　转账支票

出票日期(大写)　　年　　月　　日　　付款行名称：

收款人：　　出票人账号：

	亿	千	百	十	万	千	百	十	元	角	分
人民币 (大写)											
用途＿＿＿＿＿ 上列款项请从 我账户内支付 出票人签章　　复核　　记账											

银行 进账单 （贷方凭证） 2

年 月 日

出票人			收款人		
	全　称			全　称	
	账　号			账　号	
	开户行			开户行	

金额	人民币（大写）	亿	千	百	十	万	千	百	十	元	角	分

票据种类		票据张数		
票据号码				
备注：				复核　记账

此联由收款人开户行作贷方凭证

中国 银行 转账支票

出票日期（大写） 年 月 日 付款行名称：

收款人： 出票人账号：

人民币（大写）	亿	千	百	十	万	千	百	十	元	角	分
用途________ 上列款项请从 我账户内支付 出票人签章　　复核　记账											

银行 进账单 （贷方凭证） 2

年 月 日

出票人			收款人		
	全　称			全　称	
	账　号			账　号	
	开户行			开户行	

金额	人民币（大写）	亿	千	百	十	万	千	百	十	元	角	分

票据种类		票据张数		
票据号码				
备注：				复核　记账

此联由收款人开户行作贷方凭证

中国　　银行　转账支票

出票日期(大写)　　年　　月　　日　　付款行名称：

收款人：　　出票人账号：

	亿	千	百	十	万	千	百	十	元	角	分
人民币 (大写)											
用途____________ 上列款项请从 我账户内支付 出票人签章　　复核　　记账											

银行　进账单 (贷方凭证) 2

年　月　日

出票人	全　称		收款人	全　称	
	账　号			账　号	
	开户行			开户行	

		亿	千	百	十	万	千	百	十	元	角	分
金额	人民币 (大写)											

票据种类		票据张数		
票据号码				
备注：				复核　　记账

此联由收款人开户行作贷方凭证

中国　　银行　转账支票

出票日期(大写)　　年　　月　　日　　付款行名称：

收款人：　　出票人账号：

	亿	千	百	十	万	千	百	十	元	角	分
人民币 (大写)											
用途____________ 上列款项请从 我账户内支付 出票人签章　　复核　　记账											

银行　进账单（贷方凭证）2

年　月　日

出票人	全　称		收款人	全　称	
	账　号			账　号	
	开户行			开户行	
金额	人民币（大写）				亿千百十万千百十元角分
票据种类		票据张数			
票据号码					
备注：			复核　　记账		

此联由收款人开户行作贷方凭证

银行本票申请书（借方凭证）2

申请日期　　年　月　日

申请人		收款人	
账号或住址		账号或住址	
用　途		代理付款行	
汇款金额	人民币（大写）		亿千百十万千百十元角分
备注		科　目＿＿＿＿ 对方科目＿＿＿＿ 转账日期　年　月　日 复　核　记　账	

此联出票行作借方凭证

银行本票申请书（贷方凭证）3

申请日期　　年　月　日

申请人		收款人	
账号或住址		账号或住址	
用　途		代理付款行	
汇款金额	人民币（大写）		亿千百十万千百十元角分
备注		科　目＿＿＿＿ 对方科目＿＿＿＿ 转账日期　年　月　日 复核　记账　出纳	

此联出票行作开出汇票贷方凭证

银行

地名　　本票号码

付款期限
贰个月

本　票（卡片）　1

出票日期　　年　　月　　日
（大写）

收款人：		申请人：	
凭票即付人民币（大写）			
转账	现金		
备注：			出纳　　复核　　经办

此联出票行留存，结清本票时作借方凭证附件

银行

地名 $\frac{E}{0}\frac{B}{3}$ 00000000

付款期限
贰个月

本　票　2

出票日期　　年　　月　　日
（大写）

收款人：		申请人：	
凭票即付人民币（大写）			
转账	现金		
备注：		出票行签章	出纳　　复核　　经办

此联出票行结清本票时作借方凭证

银行本票申请书（借方凭证） 2

申请日期　　年　月　日

<table>
<tr><td>申 请 人</td><td></td><td>收 款 人</td><td colspan="11"></td></tr>
<tr><td>账号或住址</td><td></td><td>账号或住址</td><td colspan="11"></td></tr>
<tr><td>用　　途</td><td></td><td>代理付款行</td><td colspan="11"></td></tr>
<tr><td rowspan="2">汇款金额</td><td colspan="2" rowspan="2">人民币
（大写）</td><td>亿</td><td>千</td><td>百</td><td>十</td><td>万</td><td>千</td><td>百</td><td>十</td><td>元</td><td>角</td><td>分</td></tr>
<tr><td></td><td></td><td></td><td></td><td></td><td></td><td></td><td></td><td></td><td></td><td></td></tr>
<tr><td colspan="2">备注</td><td colspan="12">科　　目______
对方科目______
转账日期　　年　月　日
复　　核　　记　　账</td></tr>
</table>

此联出票行作借方凭证

银行本票申请书（贷方凭证） 3

申请日期　　年　月　日

<table>
<tr><td>申 请 人</td><td></td><td>收 款 人</td><td colspan="11"></td></tr>
<tr><td>账号或住址</td><td></td><td>账号或住址</td><td colspan="11"></td></tr>
<tr><td>用　　途</td><td></td><td>代理付款行</td><td colspan="11"></td></tr>
<tr><td rowspan="2">汇款金额</td><td colspan="2" rowspan="2">人民币
（大写）</td><td>亿</td><td>千</td><td>百</td><td>十</td><td>万</td><td>千</td><td>百</td><td>十</td><td>元</td><td>角</td><td>分</td></tr>
<tr><td></td><td></td><td></td><td></td><td></td><td></td><td></td><td></td><td></td><td></td><td></td></tr>
<tr><td colspan="2">备注</td><td colspan="12">科　　目______
对方科目______
转账日期　　年　月　日
复核　　记账　　出纳</td></tr>
</table>

此联出票行作开出汇票贷方凭证

银行

地名　　本票号码

付款期限
贰 个 月

本　票（卡片） 1

出票日期　　年　月　日
（大写）

<table>
<tr><td colspan="3">收款人：</td><td>申请人：</td></tr>
<tr><td colspan="4">凭票即付 人民币
（大写）</td></tr>
<tr><td>转账</td><td>现金</td><td rowspan="2"></td><td rowspan="2">出纳　　复核　　经办</td></tr>
<tr><td colspan="2">备注：</td></tr>
</table>

此联出票行留存，结清本票时作借方凭证附件

银行

地名 $\frac{E}{0}\frac{B}{3}$ 00000000

付款期限 贰个月

本 票 2

出票日期（大写） 年 月 日

收款人：			申请人：
凭票即付 人民币（大写）			
转账	现金		
备注：		出票行签章	出纳 复核 经办

此联出票行结清本票时作借方凭证

银行本票申请书（借方凭证） 2

申请日期 年 月 日

申请人		收款人												
账号或住址		账号或住址												
用途		代理付款行												
汇款金额	人民币（大写）			亿	千	百	十	万	千	百	十	元	角	分
备注		科目______ 对方科目______ 转账日期 年 月 日 复核 记账												

此联出票行作借方凭证

银行本票申请书（贷方凭证） 3

申请日期 年 月 日

申请人		收款人												
账号或住址		账号或住址												
用途		代理付款行												
汇款金额	人民币（大写）			亿	千	百	十	万	千	百	十	元	角	分
备注		科目______ 对方科目______ 转账日期 年 月 日 复核 记账 出纳												

此联出票行作开出汇票贷方凭证

银行

地名　　　本票号码

付款期限
贰 个 月

本　票(卡片)　**1**

出票日期　　年　　月　　日
(大写)

收款人：			申请人：	
凭票即付 人民币(大写)				
转账	现金			
备注：			出纳　复核　经办	

此联出票行留存，结清本票时作借方凭证附件

银行

地名 E B / 0 3 00000000

付款期限
贰 个 月

本　票　2

出票日期　　年　　月　　日
(大写)

收款人：			申请人：	
凭票即付 人民币(大写)				
转账	现金			
备注：		出票行签章	出纳　复核　经办	

此联出票行结清本票时作借方凭证

银行本票申请书(借方凭证)　**2**

申请日期　　年　　月　　日

申 请 人		收 款 人												
账号或住址		账号或住址												
用　途		代理付款行												
汇款金额	人民币(大写)				亿	千	百	十	万	千	百	十	元	角	分
备注		科　目＿＿＿＿ 对方科目＿＿＿＿ 转账日期　年　月　日 复　核　记　账												

此联出票行作借方凭证

银行本票申请书（贷方凭证） 3

申请日期　　年　　月　　日

申请人		收款人	
账号或住址		账号或住址	
用途		代理付款行	
汇款金额	人民币 （大写）		亿 千 百 十 万 千 百 十 元 角 分
备注		科目______ 对方科目______ 转账日期　年　月　日 复核　记账　出纳	

此联出票行作开出汇票贷方凭证

银行

地名　　本票号码

付款期限
贰个月

本　票（卡片） 1

出票日期　　年　　月　　日
（大写）

收款人：		申请人：
凭票即付 人民币（大写）		
转账　现金 备注：		出纳　复核　经办

此联出票行留存，结清本票时作借方凭证附件

银行

地名 $\frac{E}{0}\frac{B}{3}$ 00000000

付款期限
贰个月

本　票 2

出票日期　　年　　月　　日
（大写）

收款人：		申请人：
凭票即付 人民币（大写）		
转账　现金 备注：	出票行签章	出纳　复核　经办

此联出票行结清本票时作借方凭证

银行本票申请书（借方凭证） 2

申请日期　　年　月　日

申请人		收款人	
账号或住址		账号或住址	
用途		代理付款行	

		亿	千	百	十	万	千	百	十	元	角	分
汇款金额	人民币（大写）											

备注	科目＿＿＿＿＿＿ 对方科目＿＿＿＿＿＿ 转账日期　年　月　日 复核　　记账

此联出票行作借方凭证

银行本票申请书（贷方凭证） 3

申请日期　　年　月　日

申请人		收款人	
账号或住址		账号或住址	
用途		代理付款行	

		亿	千	百	十	万	千	百	十	元	角	分
汇款金额	人民币（大写）											

备注	科目＿＿＿＿＿＿ 对方科目＿＿＿＿＿＿ 转账日期　年　月　日 复核　记账　出纳

此联出票行作开出汇票贷方凭证

银行

地名　　本票号码

付款期限 贰个月

本　票（卡片） 1

出票日期（大写）　　年　月　日

收款人：		申请人：	
凭票即付	人民币（大写）		
转账	现金		
备注：			出纳　复核　经办

此联出票行留存，结清本票时作借方凭证

银行

地名 E0 B3 00000000

付款期限 贰个月

本　票　2

出票日期（大写）　年　月　日

收款人：		申请人：	
凭票即付 人民币（大写）			
转账	现金		
备注：		出票行签章	出纳　复核　经办

此联出票行结清本票时作借方凭证

银行　进账单（贷方凭证）**2**

年　月　日

出票人	全称		收款人	全称	
	账号			账号	
	开户行			开户行	
金额	人民币（大写）				亿千百十万千百十元角分
票据种类		票据张数		复核　记账	
票据号码					
备注：					

此联由收款人开户行作贷方凭证

银行

本　票　2

出票日期（大写）　年　月　日

收款人：		申请人：	
凭票即付 人民币（大写）			
转账	现金		
备注：			出纳　复核　经办

此联出票行结清本票时作借方凭证

实训四　模拟银行汇票、商业汇票的核算

（一）实训资料

江城A支行6月20日发生下列票据结算业务。

1. 受理并签发银行汇票5份。

(1) 省外贸服装加工厂持银行汇票申请书一份，申请从其活期账户支款81 000元，签发银行汇票一份。

(2) 先锋电子公司持银行汇票申请书一份，申请签发面额为65 000元的银行汇票一份。

(3) 中南石油工业公司送交银行汇票申请书一份，要求签发银行汇票一份，金额90 000元。

(4) 应省经济综合大学申请，为其签发面额为137 000的银行汇票一份。

(5) 客户唐萍持现金20 000来行申请签发银行汇票一份，并要求在备注栏写明“留行待取”。

2. 受理商业承兑汇票到期票款的收取业务共5笔。

(1) 持票人省电力设计院，承兑人南山湖经济开发区(同城C行开户，账号C—323—9)，汇票出票日期为5月20日，期限一个月，面额30万。

(2) 持票人红旗机床制造厂，承兑人新星模具制造厂(异地甲联行开户，账号甲—302—11)，汇票出票日期为4月25日，期限两个月，面额60万。

(3) 持票人国营白莲湖农场，承兑人玉龙山酒店(异地乙联行开户，账号乙—306—7)，汇票出票日期为3月24日，期限三个月，面额50万。

(4) 持票人中南石油工业公司，承兑人天成炼油厂(异地丙联行开户，账号丙—302—5)，汇票出票日期为2月23日，期限四个月，面额180万。

(5) 持票人扬帆五金建材商场，承兑人创世纪房地产公司(异地丁联行开户，账号丁—305—21)，汇票出票日期为1月25日，期限五个月，面额90万。

3. 受理银行承兑汇票承兑及到期票款的收取业务共5笔。

(1) 承兑申请人先锋电子公司，于6月18日出票，期限三个月，面额800万元，系延期支付异地乙联行客户星海电脑软件公司交易款(账号乙—310—3)。

(2) 承兑申请人江南钢铁公司，于6月19日出票，金额200万元，付款期四个月，收款人西山煤矿(异地丙联行开户，账号丙—302—6)。

(3) 承兑申请人市建筑工程一公司，于6月20日出票，金额600万元，付款期两个月，收款人北方重型机械制造厂(异地甲联行开户，账号甲—302—12)。

(4) 省外贸服装加工厂持6月26日到期的已承兑商业汇票来行办理托收手续，该汇票有效期三个月，金额110万元，承兑人异地乙联行，购货人东南职业技术培训学校(账号乙—310—4)。

(5) 家家乐超市持6月23日到期的银行承兑汇票来行办理托收手续，该汇票有效期四个月，金额40万元，承兑人异地丁联行，购货人峡江风景休闲中心(账号丁—306—17)。

(二) 实训要求

1. 根据以上各笔经济业务分别填制相关银行会计凭证(空白银行会计凭证见后附)。

(1) 银行汇票业务应编制银行汇票申请书(共5份)及银行汇票一式四联(共5份)。

(2) 商业承兑汇票业务应编制商业承兑汇票及托收凭证(各5份)。

(3) 银行承兑汇票业务应编制银行承兑汇票(共3份)及托收凭证(共5份)。

2. 根据填制完整并经审核无误的银行会计凭证登记江城A支行相关分户账。

(1) 银行汇票。根据银行汇票申请书第二联登记申请人分户账借方(交现金的此联注销)、第三联登记“开出汇票”科目的贷方并结出余额，记账后均加盖转讫章留存。申请书第一联加盖业务公章，连同银行汇票一并交客户，已签发的银行汇票第一、四联留存，专夹保管，第二、三联加盖结算专用章交客户。

(2) 商业承兑汇票。托收凭证第一联加盖业务公章交客户，第二联留存，专夹保管，第三联加盖结算专用章连同第四、五联及商业承兑汇票第二联按规定程序提交或寄交承兑人开户行。

(3) 银行承兑汇票。若为本行承兑的银行承兑汇票，则银行承兑汇票第一联留存，专夹保管，第二联加盖承兑专用章，连同第三联一并交客户；若为代客户托收的到期银行承兑汇票，其处理方法同商业承兑汇票。

银行汇票申请书（借方凭证） 2

申请日期　　年　　月　　日

<table>
<tr><td>申请人</td><td colspan="2"></td><td>收款人</td><td colspan="11"></td></tr>
<tr><td>账号或住址</td><td colspan="2"></td><td>账号或住址</td><td colspan="11"></td></tr>
<tr><td>用途</td><td colspan="2"></td><td>代理付款行</td><td colspan="11"></td></tr>
<tr><td rowspan="2">汇款金额</td><td colspan="3" rowspan="2">人民币
（大写）</td><td>亿</td><td>千</td><td>百</td><td>十</td><td>万</td><td>千</td><td>百</td><td>十</td><td>元</td><td>角</td><td>分</td></tr>
<tr><td></td><td></td><td></td><td></td><td></td><td></td><td></td><td></td><td></td><td></td><td></td></tr>
<tr><td colspan="2">备注</td><td colspan="13">科　目________
对方科目________
转账日期　年　月　日
复　核　　记　账</td></tr>
</table>

此联出票行作借方凭证

银行汇票申请书（贷方凭证） 3

申请日期　　年　　月　　日

<table>
<tr><td>申请人</td><td colspan="2"></td><td>收款人</td><td colspan="11"></td></tr>
<tr><td>账号或住址</td><td colspan="2"></td><td>账号或住址</td><td colspan="11"></td></tr>
<tr><td>用途</td><td colspan="2"></td><td>代理付款行</td><td colspan="11"></td></tr>
<tr><td rowspan="2">汇款金额</td><td colspan="3" rowspan="2">人民币
（大写）</td><td>亿</td><td>千</td><td>百</td><td>十</td><td>万</td><td>千</td><td>百</td><td>十</td><td>元</td><td>角</td><td>分</td></tr>
<tr><td></td><td></td><td></td><td></td><td></td><td></td><td></td><td></td><td></td><td></td><td></td></tr>
<tr><td colspan="2">备注</td><td colspan="13">科　目________
对方科目________
转账日期　年　月　日
复核　　记账　　出纳</td></tr>
</table>

此联出票行作开出汇票贷方凭证

银行

付款期限
壹 个 月

银行汇票(卡片)　　1

汇票号码

出票日期　　　　年　　月　　日
(大写)

代理付款行：　　　　　　行号：

收款人：										
出票金额 人民币(大写)										
实际结算金额 人民币(大写)	千	百	十	万	千	百	十	元	角	分

申请人：＿＿＿＿＿＿＿＿　　账号：＿＿＿＿＿＿＿＿

出票行：＿＿＿＿　行号：＿＿＿＿

备　注：＿＿＿＿＿＿＿＿

复核　　　　经办

复核	记账

此联出票行结清汇票时作汇出汇款借方凭证

银行

付款期限
壹 个 月

银行汇票　　2

出票日期　　　　年　　月　　日
(大写)

代理付款行：　　　　　　行号：

收款人：	账号：									
出票金额 人民币(大写)										
实际结算金额 人民币(大写)	千	百	十	万	千	百	十	元	角	分

申请人：＿＿＿＿＿＿＿＿　　账号：＿＿＿＿＿＿＿＿

出票行：＿＿＿＿　行号：＿＿＿＿

备　注：＿＿＿＿＿＿＿＿

凭票付款

出票行签章

密押：										
多余金额										
千	百	十	万	千	百	十	元	角	分	
										复核　　记账

此联代理付款行付款后作联行往账借方凭证附件

银行

付款期限
壹 个 月

银行汇票(解讫通知)　3

汇票号码

出票日期　　　年　　月　　日
(大写)

代理付款行：　　　　　　行号：

收款人：

出票金额人民币
(大写)

实际结算金额人民币
(大写)

千	百	十	万	千	百	十	元	角	分

申请人：＿＿＿＿＿＿＿＿　账号：＿＿＿＿＿＿＿＿

出票行：＿＿＿＿＿＿　行号：＿＿＿＿＿＿

备　注：＿＿＿＿＿＿＿＿

代理付款行签章

复核　　经办

密押：

多余金额

千	百	十	万	千	百	十	元	角	分

复核　　记账

此联代理付款行兑付后随报单寄出票行由出票行作多余款贷方凭证

银行

付款期限
壹 个 月

银行汇票(多余款收账通知)　4

汇票号码

出票日期　　　年　　月　　日
(大写)

代理付款行：　　　　　　行号：

收款人：

出票金额人民币
(大写)

实际结算金额人民币
(大写)

千	百	十	万	千	百	十	元	角	分

申请人：＿＿＿＿＿＿＿＿　账号：＿＿＿＿＿＿＿＿

出票行：＿＿＿＿＿＿　行号：＿＿＿＿＿＿

备　注：＿＿＿＿＿＿＿＿

出票行签章

年　　月　　日

密押：

多余金额

千	百	十	万	千	百	十	元	角	分

左列退回多余金额
已收入你账户内

复核　　记账

此联出票行结清多余款后交申请人

银行汇票申请书（借方凭证） 2

申请日期　　　年　　月　　日

<table>
<tr><td>申 请 人</td><td></td><td>收 款 人</td><td colspan="11"></td></tr>
<tr><td>账号或住址</td><td></td><td>账号或住址</td><td colspan="11"></td></tr>
<tr><td>用　　途</td><td></td><td>代理付款行</td><td colspan="11"></td></tr>
<tr><td rowspan="2">汇款金额</td><td colspan="2" rowspan="2">人民币
（大写）</td><td>亿</td><td>千</td><td>百</td><td>十</td><td>万</td><td>千</td><td>百</td><td>十</td><td>元</td><td>角</td><td>分</td></tr>
<tr><td></td><td></td><td></td><td></td><td></td><td></td><td></td><td></td><td></td><td></td><td></td></tr>
<tr><td colspan="2">备注</td><td colspan="12">科　　目____________
对方科目____________
转账日期　　年　　月　　日
复　　核　　　记　　账</td></tr>
</table>

此联出票行作借方凭证

银行汇票申请书（贷方凭证） 3

申请日期　　　年　　月　　日

<table>
<tr><td>申 请 人</td><td></td><td>收 款 人</td><td colspan="11"></td></tr>
<tr><td>账号或住址</td><td></td><td>账号或住址</td><td colspan="11"></td></tr>
<tr><td>用　　途</td><td></td><td>代理付款行</td><td colspan="11"></td></tr>
<tr><td rowspan="2">汇款金额</td><td colspan="2" rowspan="2">人民币
（大写）</td><td>亿</td><td>千</td><td>百</td><td>十</td><td>万</td><td>千</td><td>百</td><td>十</td><td>元</td><td>角</td><td>分</td></tr>
<tr><td></td><td></td><td></td><td></td><td></td><td></td><td></td><td></td><td></td><td></td><td></td></tr>
<tr><td colspan="2">备注</td><td colspan="12">科　　目____________
对方科目____________
转账日期　　年　　月　　日
复核　　　记账　　　出纳</td></tr>
</table>

此联出票行作开出汇票贷方凭证

银行

付款期限
壹 个 月

银行汇票（卡片） 1

汇票号码

出票日期（大写）　年　月　日

代理付款行：　行号：

收款人：

出票金额 人民币（大写）

实际结算金额 人民币（大写）	千	百	十	万	千	百	十	元	角	分

申请人：＿＿＿＿＿＿＿＿　账号：＿＿＿＿＿＿＿＿

出票行：＿＿＿＿＿＿　行号：＿＿＿＿＿＿

备　注：＿＿＿＿＿＿＿＿

复核　记账

复核　经办

此联出票行结清汇票时作汇出汇款借方凭证

银行

付款期限
壹 个 月

银行汇票 2

出票日期（大写）　年　月　日

代理付款行：　行号：

收款人：　账号：

出票金额 人民币（大写）

实际结算金额 人民币（大写）	千	百	十	万	千	百	十	元	角	分

申请人：＿＿＿＿＿＿＿＿　账号：＿＿＿＿＿＿＿＿

出票行：＿＿＿＿＿＿　行号：＿＿＿＿＿＿

备　注：＿＿＿＿＿＿＿＿

凭票付款

出票行签章

密押：

多余金额

千	百	十	万	千	百	十	元	角	分

复核　记账

此联代理付款行付款后作联行往账借方凭证附件

银行

付款期限
壹 个 月

银行汇票(解讫通知)　3

汇票号码

出票日期　　年　月　日
(大写)

代理付款行：　　行号：

收款人：

出票金额 人民币
(大写)

实际结算金额 人民币(大写)	千	百	十	万	千	百	十	元	角	分

申请人：______　账号：______

出票行：______ 行号：______

备　注：______

代理付款行签章

复核　经办

密押：	
多余金额	
千 百 十 万 千 百 十 元 角 分	
	复核　记账

此联代理付款行兑付后随报单寄出票行由出票行作多余款贷方凭证

银行

付款期限
壹 个 月

银行汇票(多余款收账通知)　4

汇票号码

出票日期　　年　月　日
(大写)

代理付款行：　　行号：

收款人：

出票金额 人民币
(大写)

实际结算金额 人民币(大写)	千	百	十	万	千	百	十	元	角	分

申请人：______　账号：______

出票行：______ 行号：______

备　注：______

出票行签章

年　月　日

密押：	左列退回多余金额已收入你账户内
多余金额	
千 百 十 万 千 百 十 元 角 分	
	复核　记账

此联出票行结清多余款后交申请人

银行汇票申请书（借方凭证） 2

申请日期　　　年　　月　　日

<table>
<tr><td>申 请 人</td><td></td><td>收 款 人</td><td colspan="11"></td></tr>
<tr><td>账号或住址</td><td></td><td>账号或住址</td><td colspan="11"></td></tr>
<tr><td>用　　途</td><td></td><td>代理付款行</td><td colspan="11"></td></tr>
<tr><td rowspan="2">汇款金额</td><td colspan="2" rowspan="2">人民币
（大写）</td><td>亿</td><td>千</td><td>百</td><td>十</td><td>万</td><td>千</td><td>百</td><td>十</td><td>元</td><td>角</td><td>分</td></tr>
<tr><td></td><td></td><td></td><td></td><td></td><td></td><td></td><td></td><td></td><td></td><td></td></tr>
<tr><td colspan="2">备注</td><td colspan="12">科　　目____________
对方科目____________
转账日期　　年　　月　　日
复　　核　　　记　　账</td></tr>
</table>

此联出票行作借方凭证

银行汇票申请书（贷方凭证） 3

申请日期　　　年　　月　　日

<table>
<tr><td>申 请 人</td><td></td><td>收 款 人</td><td colspan="11"></td></tr>
<tr><td>账号或住址</td><td></td><td>账号或住址</td><td colspan="11"></td></tr>
<tr><td>用　　途</td><td></td><td>代理付款行</td><td colspan="11"></td></tr>
<tr><td rowspan="2">汇款金额</td><td colspan="2" rowspan="2">人民币
（大写）</td><td>亿</td><td>千</td><td>百</td><td>十</td><td>万</td><td>千</td><td>百</td><td>十</td><td>元</td><td>角</td><td>分</td></tr>
<tr><td></td><td></td><td></td><td></td><td></td><td></td><td></td><td></td><td></td><td></td><td></td></tr>
<tr><td colspan="2">备注</td><td colspan="12">科　　目____________
对方科目____________
转账日期　　年　　月　　日
复核　　　记账　　　出纳</td></tr>
</table>

此联出票行作开出汇票贷方凭证

银行

付款期限
壹 个 月

银行汇票（卡片）　1

汇票号码

出票日期　　　年　月　日
（大写）

代理付款行：　　　行号：

收款人：										
出票金额 人民币（大写）										
实际结算金额 人民币（大写）	千	百	十	万	千	百	十	元	角	分

此联出票行结清汇票时作汇出汇款借方凭证

申请人：＿＿＿＿＿＿　账号：＿＿＿＿＿＿

出票行：＿＿＿＿　行号：＿＿＿＿

备　注：＿＿＿＿＿＿

复核　　经办

复核　　记账

银行

付款期限
壹 个 月

银行汇票　2

出票日期　　　年　月　日
（大写）

代理付款行：　　　行号：

收款人：　　账号：										
出票金额 人民币（大写）										
实际结算金额 人民币（大写）	千	百	十	万	千	百	十	元	角	分

此联代理付款行付款后作联行往账借方凭证附件

申请人：＿＿＿＿＿＿　账号：＿＿＿＿＿＿

出票行：＿＿＿＿　行号：＿＿＿＿

备　注：＿＿＿＿＿＿

凭票付款

出票行签章

密押：									
多余金额									
千	百	十	万	千	百	十	元	角	分

复核　　记账

银行

付款期限
壹 个 月

银行汇票(解讫通知) 3

汇票号码

出票日期（大写） 年 月 日

代理付款行： 行号：

收款人：	
出票金额 人民币（大写）	
实际结算金额 人民币（大写）	千 百 十 万 千 百 十 元 角 分

申请人：______ 账号：______

出票行：______ 行号：______

备 注：______

代理付款行签章

复核 经办

密押：	
多余金额	
千 百 十 万 千 百 十 元 角 分	复核 记账

此联代理付款行兑付后随报单寄出票行由出票行作多余款贷方凭证

银行

付款期限
壹 个 月

银行汇票(多余款收账通知) 4

汇票号码

出票日期（大写） 年 月 日

代理付款行： 行号：

收款人：	
出票金额 人民币（大写）	
实际结算金额 人民币（大写）	千 百 十 万 千 百 十 元 角 分

申请人：______ 账号：______

出票行：______ 行号：______

备 注：______

出票行签章

年 月 日

密押：	左列退回多余金额已收入你账户内
多余金额	
千 百 十 万 千 百 十 元 角 分	复核 记账

此联出票行结清多余款后交申请人

银行汇票申请书（借方凭证） 2

申请日期　　　　年　　月　　日

申请人		收款人	
账号或住址		账号或住址	
用途		代理付款行	
汇款金额	人民币 （大写）	亿千百十万千百十元角分	
备注		科目＿＿＿＿ 对方科目＿＿＿＿ 转账日期　　年　　月　　日 复核　　　记账	

此联出票行作借方凭证

银行汇票申请书（贷方凭证） 3

申请日期　　　　年　　月　　日

申请人		收款人	
账号或住址		账号或住址	
用途		代理付款行	
汇款金额	人民币 （大写）	亿千百十万千百十元角分	
备注		科目＿＿＿＿ 对方科目＿＿＿＿ 转账日期　　年　　月　　日 复核　　　记账　　　出纳	

此联出票行作开出汇票贷方凭证

银行

付款期限 壹个月

银行汇票（卡片） 1

汇票号码

出票日期（大写）　　年　月　日

代理付款行：　　行号：

收款人：										
出票金额 人民币（大写）										
实际结算金额 人民币（大写）	千	百	十	万	千	百	十	元	角	分

申请人：　　账号：

出票行：　　行号：

备　注：

复核　　经办

复核　　记账

此联出票行结清汇票时作汇出汇款借方凭证

银行

付款期限 壹个月

银行汇票 2

出票日期（大写）　　年　月　日

代理付款行：　　行号：

收款人：　　账号：										
出票金额 人民币（大写）										
实际结算金额 人民币（大写）	千	百	十	万	千	百	十	元	角	分

申请人：　　账号：

出票行：　　行号：

备　注：

凭票付款

出票行签章

密押：

多余金额									
千	百	十	万	千	百	十	元	角	分

复核　　记账

此联代理付款行付款后作联行往账借方凭证附件

银行

付款期限
壹个月

银行汇票（解讫通知）　3

汇票号码

出票日期（大写）　年　月　日

代理付款行：　行号：

收款人：

出票金额　人民币（大写）

实际结算金额　人民币（大写）

千	百	十	万	千	百	十	元	角	分

申请人：

出票行：　行号：

备　注：

代理付款行签章

复核　经办

行号：

密押：

多余金额

千	百	十	万	千	百	十	元	角	分

复核　记账

此联代理付款行兑付后随报单寄出票行由出票行作多余款贷方凭证

银行

付款期限
壹个月

银行汇票（多余款收账通知）　4

汇票号码

出票日期（大写）　年　月　日

代理付款行：　行号：

收款人：

出票金额　人民币（大写）

实际结算金额　人民币（大写）

千	百	十	万	千	百	十	元	角	分

申请人：

出票行：　行号：

备　注：

出票行签章

年　月　日

账号：

密押：

多余金额

千	百	十	万	千	百	十	元	角	分

左列退回多余金额已收入你账户内

复核　记账

此联出票行结清多余款后交申请人

银行汇票申请书（借方凭证） 2

申请日期　　　年　　月　　日

<table>
<tr><td>申 请 人</td><td colspan="2"></td><td>收 款 人</td><td colspan="11"></td></tr>
<tr><td>账号或住址</td><td colspan="2"></td><td>账号或住址</td><td colspan="11"></td></tr>
<tr><td>用　　途</td><td colspan="2"></td><td>代理付款行</td><td colspan="11"></td></tr>
<tr><td rowspan="2">汇款金额</td><td colspan="3" rowspan="2">人民币
（大写）</td><td>亿</td><td>千</td><td>百</td><td>十</td><td>万</td><td>千</td><td>百</td><td>十</td><td>元</td><td>角</td><td>分</td></tr>
<tr><td></td><td></td><td></td><td></td><td></td><td></td><td></td><td></td><td></td><td></td><td></td></tr>
<tr><td colspan="3">备注</td><td colspan="12">科　　目____________
对方科目____________
转账日期　　年　　月　　日
复　　核　　　记　　账</td></tr>
</table>

此联出票行作借方凭证

银行汇票申请书（贷方凭证） 3

申请日期　　　年　　月　　日

<table>
<tr><td>申 请 人</td><td colspan="2"></td><td>收 款 人</td><td colspan="11"></td></tr>
<tr><td>账号或住址</td><td colspan="2"></td><td>账号或住址</td><td colspan="11"></td></tr>
<tr><td>用　　途</td><td colspan="2"></td><td>代理付款行</td><td colspan="11"></td></tr>
<tr><td rowspan="2">汇款金额</td><td colspan="3" rowspan="2">人民币
（大写）</td><td>亿</td><td>千</td><td>百</td><td>十</td><td>万</td><td>千</td><td>百</td><td>十</td><td>元</td><td>角</td><td>分</td></tr>
<tr><td></td><td></td><td></td><td></td><td></td><td></td><td></td><td></td><td></td><td></td><td></td></tr>
<tr><td colspan="3">备注</td><td colspan="12">科　　目____________
对方科目____________
转账日期　　年　　月　　日
复核　　　记账　　　出纳</td></tr>
</table>

此联出票行作开出汇票贷方凭证

银行

付款期限
壹 个 月

银行汇票(卡片)　1

汇票号码

出票日期（大写）　年　月　日

代理付款行：　行号：

收款人：

出票金额 人民币（大写）

实际结算金额 人民币（大写）	千	百	十	万	千	百	十	元	角	分

申请人：＿＿＿＿＿＿＿＿　账号：＿＿＿＿＿＿＿＿

出票行：＿＿＿＿＿＿　行号：＿＿＿＿＿＿

备　注：＿＿＿＿＿＿＿＿

复核　经办

复核　记账

此联出票行结清汇票时作汇出汇款借方凭证

银行

付款期限
壹 个 月

银行汇票　2

出票日期（大写）　年　月　日

代理付款行：　行号：

收款人：　账号：

出票金额 人民币（大写）

实际结算金额 人民币（大写）	千	百	十	万	千	百	十	元	角	分

申请人：＿＿＿＿＿＿＿＿　账号：＿＿＿＿＿＿＿＿

出票行：＿＿＿＿＿＿　行号：＿＿＿＿＿＿

备　注：＿＿＿＿＿＿＿＿

凭票付款

出票行签章

年　月　日

密押：

多余金额									
千	百	十	万	千	百	十	元	角	分

复核　记账

此联代理付款行付款后作联行往账借方凭证附件

银行

付款期限
壹 个 月

银行汇票(解讫通知)　3

汇票号码

出票日期（大写）　　年　　月　　日　　代理付款行：　　　　行号：

收款人：										
出票金额 人民币（大写）										
实际结算金额 人民币（大写）	千	百	十	万	千	百	十	元	角	分

申请人：________________　　账号：________________

出票行：__________ 行号：__________

备　注：________________

代理付款行签章

复核　　经办

密押：										
多余金额										
千	百	十	万	千	百	十	元	角	分	复核　　记账

此联代理付款行兑付后随报单寄出票行由出票行作多余款贷方凭证

银行

付款期限
壹 个 月

银行汇票(多余款收账通知)　4

汇票号码

出票日期（大写）　　年　　月　　日　　代理付款行：　　　　行号：

收款人：										
出票金额 人民币（大写）										
实际结算金额 人民币（大写）	千	百	十	万	千	百	十	元	角	分

申请人：________________　　账号：________________

出票行：__________ 行号：__________

备　注：________________

出票行签章

年　　月　　日

密押：										
多余金额										左列退回多余金额已收入你账户内
千	百	十	万	千	百	十	元	角	分	
										复核　　记账

此联出票行结清多余款后交申请人

托收凭证 （贷方凭证） 2

委托日期　　　年　　月　　日

<table>
<tr><td colspan="2">业务类型</td><td colspan="9">委托收款（□邮划、□电划）　　托收承付（□邮划、□电划）</td></tr>
<tr><td rowspan="3">付款人</td><td>全称</td><td colspan="3"></td><td rowspan="3">收款人</td><td>全称</td><td colspan="4"></td></tr>
<tr><td>账号</td><td colspan="3"></td><td>账号</td><td colspan="4"></td></tr>
<tr><td>地址</td><td>省　市县</td><td>开户行</td><td></td><td>地址</td><td>省　市县</td><td>开户行</td><td colspan="2"></td></tr>
<tr><td>金额</td><td colspan="8">人民币
（大写）</td><td colspan="2">亿 千 百 十 万 千 百 十 元 角 分</td></tr>
<tr><td>款项内容</td><td colspan="2"></td><td>托收凭据名称</td><td colspan="3"></td><td>附寄单证张数</td><td colspan="3"></td></tr>
<tr><td colspan="2">商品发运情况</td><td colspan="4"></td><td colspan="2">合同名称号码</td><td colspan="3"></td></tr>
<tr><td colspan="4">备注：
收款人开户行收到日期
年　月　日</td><td colspan="4">上列款项随附有关债务证明，请予办理。
收款人签章</td><td colspan="3">复核　　记账</td></tr>
</table>

此联收款人开户行作贷方传票

托收凭证 （借方传票） 3

委托日期　　　年　　月　　日

<table>
<tr><td colspan="2">业务类型</td><td colspan="9">委托收款（□邮划、□电划）　　托收承付（□邮划、□电划）</td></tr>
<tr><td rowspan="3">付款人</td><td>全称</td><td colspan="3"></td><td rowspan="3">收款人</td><td>全称</td><td colspan="4"></td></tr>
<tr><td>账号</td><td colspan="3"></td><td>账号</td><td colspan="4"></td></tr>
<tr><td>地址</td><td>省　市县</td><td>开户行</td><td></td><td>地址</td><td>省　市县</td><td>开户行</td><td colspan="2"></td></tr>
<tr><td>金额</td><td colspan="8">人民币
（大写）</td><td colspan="2">亿 千 百 十 万 千 百 十 元 角 分</td></tr>
<tr><td>款项内容</td><td colspan="2"></td><td>托收凭据名称</td><td colspan="3"></td><td>附寄单证张数</td><td colspan="3"></td></tr>
<tr><td colspan="2">商品发运情况</td><td colspan="4"></td><td colspan="2">合同名称号码</td><td colspan="3"></td></tr>
<tr><td colspan="4">备注：
付款人开户行收到日期
年　月　日</td><td colspan="4">收款人开户行签章
年　月　日</td><td colspan="3">复核　　记账</td></tr>
</table>

此联付款人开户行作借方凭证

托收凭证 （汇款依据或收账通知） 4

委托日期　　年　月　日

业务类型	委托收款（□邮划、□电划）				托收承付（□邮划、□电划）			
付款人	全称			收款人	全称			
	账号				账号			
	地址	省　市 县	开户行		地址	省　市 县	开户行	
金额	人民币 （大写）							亿 千 百 十 万 千 百 十 元 角 分
款项内容		托收凭据名　称		附寄单证张数				
商品发运情况			合同名称号码					
备注：		上列款项已划回收入你方账户。 收款人开户行签章 年　月　日						

此联付款人开户行凭此汇款

商业承兑汇票　2

$\frac{A}{0}\frac{A}{1}$00000000

出票日期　　年　月　日

（大写）

付款人	全　称		收款人	全　称	
	账　号			账　号	
	开 户 行			开 户 行	
出票金额	人民币 （大写）				亿 千 百 十 万 千 百 十 元 角 分
汇票到期日 （大写）		付款人开户行	行　号		
交易合同号码			地　址		
本汇票已承兑，到期无条件付票款。 承兑人签章 承兑日期　年　月　日		本汇票予以承兑，于到期日付款。 出票人签章			

托收凭证 （贷方凭证） 2

委托日期　　年　　月　　日

业务类型	委托收款（□邮划、□电划）			托收承付（□邮划、□电划）			
付款人	全称			收款人	全称		
	账号				账号		
	地址	省　市/县	开户行		地址	省　市/县	开户行

金额	人民币（大写）	亿	千	百	十	万	千	百	十	元	角	分

款项内容		托收凭据名称		附寄单证张数	
商品发运情况			合同名称号码		

备注： 收款人开户行收到日期 年　月　日	上列款项随附有关债务证明，请予办理。 收款人签章	复核　　记账

此联收款人开户行作贷方传票

托收凭证 （借方传票） 3

委托日期　　年　　月　　日

业务类型	委托收款（□邮划、□电划）			托收承付（□邮划、□电划）			
付款人	全称			收款人	全称		
	账号				账号		
	地址	省　市/县	开户行		地址	省　市/县	开户行

金额	人民币（大写）	亿	千	百	十	万	千	百	十	元	角	分

款项内容		托收凭据名称		附寄单证张数	
商品发运情况			合同名称号码		

备注： 付款人开户行收到日期 年　月　日	收款人开户行签章 年　月　日	复核　　记账

此联付款人开户行作借方凭证

托收凭证（汇款依据或收账通知） 4

委托日期　　年　月　日

业务类型	委托收款(□邮划、□电划)			托收承付(□邮划、□电划)		
付款人	全称		收款人	全称		
	账号			账号		
	地址	省　市县　开户行		地址	省　市县　开户行	

金额	人民币（大写）	亿	千	百	十	万	千	百	十	元	角	分

款项内容		托收凭据名称		附寄单证张数	
商品发运情况		合同名称号码			
备注：	上列款项已划回收入你方账户。 收款人开户行签章 年　月　日				

此联付款人开户行凭此汇款

商业承兑汇票 2

$\frac{A}{0}\frac{A}{1}$00000000

出票日期　　年　月　日

（大写）

付款人	全　称		收款人	全　称	
	账　号			账　号	
	开户行			开户行	

出票金额	人民币（大写）	亿	千	百	十	万	千	百	十	元	角	分

汇票到期日（大写）		付款人开户行	行　号	
交易合同号码			地　址	
本汇票已承兑，到期无条件付票款。 承兑人签章 承兑日期　年　月　日		本汇票予以承兑，于到期日付款。 出票人签章		

托收凭证 （贷方凭证） 2

委托日期　　年　　月　　日

业务类型	委托收款（□邮划、□电划）			托收承付（□邮划、□电划）			
付款人	全称			收款人	全称		
	账号				账号		
	地址	省　市县	开户行		地址	省　市县	开户行

		亿	千	百	十	万	千	百	十	元	角	分
金额	人民币（大写）											

款项内容		托收凭据名　称		附寄单证张数	
商品发运情况			合同名称号码		
备注： 收款人开户行收到日期 年　月　日		上列款项随附有关债务证明，请予办理。 收款人签章		复核　　记账	

此联收款人开户行作贷方传票

托收凭证 （借方传票） 3

委托日期　　年　　月　　日

业务类型	委托收款（□邮划、□电划）			托收承付（□邮划、□电划）			
付款人	全称			收款人	全称		
	账号				账号		
	地址	省　市县	开户行		地址	省　市县	开户行

		亿	千	百	十	万	千	百	十	元	角	分
金额	人民币（大写）											

款项内容		托收凭据名　称		附寄单证张数	
商品发运情况			合同名称号码		
备注： 付款人开户行收到日期 年　月　日		收款人开户行签章 年　月　日		复核　　记账	

此联付款人开户行作借方凭证

托收凭证 （汇款依据或收账通知） 4

委托日期　　年　　月　　日

业务类型	委托收款（□邮划、□电划）		托收承付（□邮划、□电划）			
付款人	全称		收款人	全称		
	账号			账号		
	地址	省　市县　开户行		地址	省　市县　开户行	
金额	人民币（大写）				亿千百十万千百十元角分	
款项内容		托收凭据名称		附寄单证张数		
商品发运情况			合同名称号码			
备注：	上列款项已划回收入你方账户。 收款人开户行签章 年　月　日					

此联付款人开户行凭此汇款

商业承兑汇票 2

A A
0 1 00000000

出票日期　　年　　月　　日

（大写）

付款人	全　称		收款人	全　称	
	账　号			账　号	
	开户行			开户行	
出票金额	人民币（大写）				亿千百十万千百十元角分
汇票到期日（大写）			付款人开户行	行　号	
交易合同号码				地　址	
本汇票已承兑，到期无条件付票款。 承兑人签章 承兑日期　年　月　日			本汇票予以承兑，于到期日付款。 出票人签章		

托收凭证 （贷方凭证） 2

委托日期　　　年　　月　　日

业务类型	委托收款（□邮划、□电划）　托收承付（□邮划、□电划）							
付款人	全称			收款人	全称			
	账号				账号			
	地址	省　市县	开户行		地址	省　市县	开户行	

金额	人民币（大写）	亿	千	百	十	万	千	百	十	元	角	分

款项内容		托收凭据名　称		附寄单证张数	
商品发运情况			合同名称号码		

备注：	上列款项随附有关债务证明，请予办理。	
收款人开户行收到日期　年　月　日	收款人签章	复核　　记账

此联收款人开户行作贷方传票

托收凭证 （借方传票） 3

委托日期　　　年　　月　　日

业务类型	委托收款（□邮划、□电划）　托收承付（□邮划、□电划）							
付款人	全称			收款人	全称			
	账号				账号			
	地址	省　市县	开户行		地址	省　市县	开户行	

金额	人民币（大写）	亿	千	百	十	万	千	百	十	元	角	分

款项内容		托收凭据名　称		附寄单证张数	
商品发运情况			合同名称号码		

备注：		
付款人开户行收到日期　年　月　日	收款人开户行签章　年　月　日	复核　　记账

此联付款人开户行作借方凭证

托收凭证（汇款依据或收账通知） 4

委托日期　　年　月　日

业务类型	委托收款（□邮划、□电划）　托收承付（□邮划、□电划）						
付款人	全称			收款人	全称		
	账号				账号		
	地址	省　市县	开户行		地址	省　市县	开户行
金额	人民币（大写）						亿 千 百 十 万 千 百 十 元 角 分
款项内容		托收凭据名称		附寄单证张数			
商品发运情况		合同名称号码					
备注：		上列款项已划回收入你方账户。 收款人开户行签章 年　月　日					

此联付款人开户行凭以汇款

商业承兑汇票 2

$\frac{A}{0}\frac{A}{1}$00000000

出票日期　　年　月　日

（大写）

付款人	全　称		收款人	全　称	
	账　号			账　号	
	开 户 行			开 户 行	
出票金额	人民币（大写）				亿 千 百 十 万 千 百 十 元 角 分
汇票到期日（大写）			付款人开户行	行　号	
交易合同号码				地　址	
本汇票已承兑，到期无条件付票款。 承兑人签章 承兑日期　年　月　日			本汇票予以承兑，于到期日付款。 出票人签章		

托收凭证 （贷方凭证） 2

委托日期　　年　月　日

<table>
<tr><td>业务类型</td><td colspan="4">委托收款（□邮划、□电划）</td><td colspan="5">托收承付（□邮划、□电划）</td></tr>
<tr><td rowspan="3">付款人</td><td>全称</td><td colspan="3"></td><td rowspan="3">收款人</td><td>全称</td><td colspan="3"></td></tr>
<tr><td>账号</td><td colspan="3"></td><td>账号</td><td colspan="3"></td></tr>
<tr><td>地址</td><td>省　市县</td><td>开户行</td><td></td><td>地址</td><td>省　市县</td><td>开户行</td><td></td></tr>
<tr><td>金额</td><td colspan="6">人民币
（大写）</td><td colspan="3">亿千百十万千百十元角分</td></tr>
<tr><td>款项内容</td><td colspan="2"></td><td>托收凭据名　称</td><td colspan="2"></td><td>附寄单证张数</td><td colspan="3"></td></tr>
<tr><td colspan="2">商品发运情况</td><td colspan="3"></td><td colspan="2">合同名称号码</td><td colspan="3"></td></tr>
<tr><td colspan="3">备注：

收款人开户行收到日期
年　月　日</td><td colspan="4">上列款项随附有关债务证明，请予办理。

收款人签章</td><td colspan="3">复核　　记账</td></tr>
</table>

此联收款人开户行作贷方传票

托收凭证 （借方传票） 3

委托日期　　年　月　日

<table>
<tr><td>业务类型</td><td colspan="4">委托收款（□邮划、□电划）</td><td colspan="5">托收承付（□邮划、□电划）</td></tr>
<tr><td rowspan="3">付款人</td><td>全称</td><td colspan="3"></td><td rowspan="3">收款人</td><td>全称</td><td colspan="3"></td></tr>
<tr><td>账号</td><td colspan="3"></td><td>账号</td><td colspan="3"></td></tr>
<tr><td>地址</td><td>省　市县</td><td>开户行</td><td></td><td>地址</td><td>省　市县</td><td>开户行</td><td></td></tr>
<tr><td>金额</td><td colspan="6">人民币
（大写）</td><td colspan="3">亿千百十万千百十元角分</td></tr>
<tr><td>款项内容</td><td colspan="2"></td><td>托收凭据名　称</td><td colspan="2"></td><td>附寄单证张数</td><td colspan="3"></td></tr>
<tr><td colspan="2">商品发运情况</td><td colspan="3"></td><td colspan="2">合同名称号码</td><td colspan="3"></td></tr>
<tr><td colspan="3">备注：

付款人开户行收到日期
年　月　日</td><td colspan="4">收款人开户行签章
年　月　日</td><td colspan="3">复核　　记账</td></tr>
</table>

此联付款人开户行作借方凭证

托收凭证 （汇款依据或收账通知） 4

委托日期　　年　月　日

业务类型	委托收款（□邮划、□电划）				托收承付（□邮划、□电划）			
付款人	全称			收款人	全称			
	账号				账号			
	地址	省　市县	开户行		地址	省　市县	开户行	
金额	人民币（大写）				亿千百十万千百十元角分			
款项内容		托收凭据名称		附寄单证张数				
商品发运情况			合同名称号码					
备注：	上列款项已划回收入你方账户。 收款人开户行签章 年　月　日							

此联付款人开户行凭以汇款

商业承兑汇票 2

$\frac{A}{0}\frac{A}{1}$00000000

出票日期　　年　月　日

（大写）

付款人	全　称		收款人	全　称	
	账　号			账　号	
	开户行			开户行	
出票金额	人民币（大写）			亿千百十万千百十元角分	
汇票到期日（大写）			付款人开户行	行　号	
交易合同号码				地　址	
本汇票已承兑，到期无条件付票款。 承兑人签章 承兑日期　年　月　日			本汇票予以承兑，于到期日付款。 出票人签章		

银行承兑汇票　2

$\frac{C}{0}\frac{A}{1}$00000000

出票日期　　年　　月　　日
（大写）

出票人全称		收款人	全　　称	
出票人账号			账　　号	
付款行全称			开户行	
出票金额	人民币（大写）		亿千百十万千百十元角分	
汇票到期日（大写）		付款行	行　　号	
承兑协议编号			地　　址	
本汇票请你行承兑，到期无条件付款。 出票人签章		本汇票已经承兑，到期日由本行付款。 承兑行签章 承兑日期　年　月　日		
		备注：		复核　　记账

此联收款人开户行随托收凭证寄付款行作借方凭证附件

银行承兑汇票　2

$\frac{C}{0}\frac{A}{1}$00000000

出票日期　　年　　月　　日
（大写）

出票人全称		收款人	全　　称	
出票人账号			账　　号	
付款行全称			开 户 行	
出票金额	人民币（大写）		亿千百十万千百十元角分	
汇票到期日（大写）		付款行	行　　号	
承兑协议编号			地　　址	
本汇票请你行承兑，到期无条件付款。 出票人签章		本汇票已经承兑，到期日由本行付款。 承兑行签章 承兑日期　年　月　日		
		备注：		复核　　记账

此联收款人开户行随托收凭证寄付款行作借方凭证附件

银行承兑汇票　2

$\frac{C}{0}\frac{A}{1}$00000000

出票日期　　年　　月　　日
（大写）

出票人全称		收款人	全　　称	
出票人账号			账　　号	
付款行全称			开 户 行	
出票金额	人民币（大写）			亿 千 百 十 万 千 百 十 元 角 分
汇票到期日（大写）		付款行	行　　号	
承兑协议编号			地　　址	
本汇票请你行承兑，到期无条件付款。 出票人签章		本汇票已经承兑，到期日由本行付款。 承兑行签章 承兑日期　年　月　日 备注：		复核　　记账

此联收款人开户行随托收凭证寄付款行作借方凭证附件

托收凭证（贷方凭证）　2

委托日期　　年　　月　　日

业务类型	委托收款（□邮划、□电划）　托收承付（□邮划、□电划）							
付款人	全称			收款人	全称			
	账号				账号			
	地址	省　市/县	开户行		地址	省　市/县	开户行	
金额	人民币（大写）						亿 千 百 十 万 千 百 十 元 角 分	
款项内容		托收凭据名称		附寄单证张数				
商品发运情况			合同名称号码					
备注： 收款人开户行收到日期 年　月　日		上列款项随附有关债务证明，请予办理。 收款人签章				复核　　记账		

此联收款人开户行作贷方传票

托收凭证 （借方传票） 3

委托日期　　年　月　日

<table>
<tr><td colspan="2">业务类型</td><td colspan="4">委托收款(□邮划、□电划)</td><td colspan="5">托收承付(□邮划、□电划)</td></tr>
<tr><td rowspan="3">付款人</td><td>全称</td><td colspan="4"></td><td rowspan="3">收款人</td><td>全称</td><td colspan="3"></td></tr>
<tr><td>账号</td><td colspan="4"></td><td>账号</td><td colspan="3"></td></tr>
<tr><td>地址</td><td>省　市县</td><td>开户行</td><td colspan="2"></td><td>地址</td><td>省　市县</td><td>开户行</td><td></td></tr>
<tr><td>金额</td><td colspan="8">人民币
（大写）</td><td colspan="2">亿 千 百 十 万 千 百 十 元 角 分</td></tr>
<tr><td>款项内容</td><td colspan="2"></td><td>托收凭据名　称</td><td colspan="3"></td><td>附寄单证张数</td><td colspan="3"></td></tr>
<tr><td colspan="2">商品发运情况</td><td colspan="4"></td><td colspan="2">合同名称号码</td><td colspan="3"></td></tr>
<tr><td colspan="4">备注：

付款人开户行收到日期
年　月　日</td><td colspan="4">收款人开户行签章
年　月　日</td><td colspan="3">复核　　记账</td></tr>
</table>

此联付款人开户行作借方凭证

托收凭证 （汇款依据或收账通知） 4

委托日期　　年　月　日

<table>
<tr><td colspan="2">业务类型</td><td colspan="4">委托收款(□邮划、□电划)</td><td colspan="5">托收承付(□邮划、□电划)</td></tr>
<tr><td rowspan="3">付款人</td><td>全称</td><td colspan="4"></td><td rowspan="3">收款人</td><td>全称</td><td colspan="3"></td></tr>
<tr><td>账号</td><td colspan="4"></td><td>账号</td><td colspan="3"></td></tr>
<tr><td>地址</td><td>省　市县</td><td>开户行</td><td colspan="2"></td><td>地址</td><td>省　市县</td><td>开户行</td><td></td></tr>
<tr><td>金额</td><td colspan="8">人民币
（大写）</td><td colspan="2">亿 千 百 十 万 千 百 十 元 角 分</td></tr>
<tr><td>款项内容</td><td colspan="2"></td><td>托收凭据名　称</td><td colspan="3"></td><td>附寄单证张数</td><td colspan="3"></td></tr>
<tr><td colspan="2">商品发运情况</td><td colspan="4"></td><td colspan="2">合同名称号码</td><td colspan="3"></td></tr>
<tr><td colspan="4">备注：</td><td colspan="4">上列款项已划回收入你方账户。

收款人开户行签章
年　月　日</td><td colspan="3"></td></tr>
</table>

此联付款人开户行凭以汇款

银行承兑汇票　2

$\frac{C}{0}\frac{A}{1}$00000000

出票日期　年　月　日
（大写）

出票人全称		收款人	全　称	
出票人账号			账　号	
付款行全称			开户行	
出票金额	人民币 （大写）	亿千百十万千百十元角分		
汇票到期日 （大写）		付款行	行　号	
承兑协议编号			地　址	
本汇票请你行承兑，到期无条件付款。 出票人签章		本汇票已经承兑，到期日由本行付款。 承兑行签章 承兑日期　年　月　日		复核　记账
		备注：		

此联收款人开户行随托收凭证寄付款行作借方凭证附件

托收凭证（贷方凭证）　2

委托日期　年　月　日

业务类型	委托收款（□邮划、□电划）			托收承付（□邮划、□电划）				
付款人	全称			收款人	全称			
	账号				账号			
	地址	省　市县	开户行		地址	省　市县	开户行	
金额	人民币 （大写）					亿千百十万千百十元角分		
款项内容		托收凭据名　称		附寄单证张数				
商品发运情况				合同名称号码				
备注： 收款人开户行收到日期 年　月　日		上列款项随附有关债务证明，请予办理。 收款人签章				复核　记账		

此联收款人开户行作贷方传票

托收凭证 （借方传票） 3

委托日期　　年　月　日

业务类型	委托收款（□邮划、□电划）			托收承付（□邮划、□电划）			
付款人	全称			收款人	全称		
	账号				账号		
	地址	省　市县	开户行		地址	省　市县	开户行
金额	人民币（大写）					亿千百十万千百十元角分	
款项内容		托收凭据名称		附寄单证张数			
商品发运情况				合同名称号码			
备注： 付款人开户行收到日期 年　月　日		收款人开户行签章 年　月　日				复核　　记账	

此联付款人开户行作借方凭证

托收凭证 （汇款依据或收账通知） 4

委托日期　　年　月　日

业务类型	委托收款（□邮划、□电划）			托收承付（□邮划、□电划）			
付款人	全称			收款人	全称		
	账号				账号		
	地址	省　市县	开户行		地址	省　市县	开户行
金额	人民币（大写）					亿千百十万千百十元角分	
款项内容		托收凭据名称		附寄单证张数			
商品发运情况				合同名称号码			
备注：		上列款项已划回收入你方账户。 收款人开户行签章 年　月　日					

此联付款人开户行凭以汇款

银行承兑汇票　2

$\frac{C}{0}\frac{A}{1}$00000000

出票日期　　年　月　日
（大写）

出票人全称		收款人	全　称													
出票人账号			账　号													
付款行全称			开户行													
出票金额	人民币 （大写）					亿	千	百	十	万	千	百	十	元	角	分
汇票到期日 （大写）		付款行	行　号													
承兑协议编号			地　址													
本汇票请你行承兑，到期无条件付款。 出票人签章		本汇票已经承兑，到期日由本行付款。 承兑行签章 承兑日期　年　月　日			复核　记账											
		备注：														

此联收款人开户行随托收凭证寄付款行作借方凭证附件

实训五　模拟银行信用卡的核算

（一）实训资料

江城 A 支行 6 月 20 日发生下列信用卡结算业务。

(1) 持卡人郭大军从个人卡账户提取现金 1 000 元。

(2) 持卡人汪霞存入现金 6 000 元。

(3) 持卡人黄玉梅存入现金 7 000 元。

(4) 持卡人赵楚丰支取现金 500 元。

(5) 持卡人鲁方菲从账户中支付 3 000 元装修款转入佳美装饰公司活期账户。

(6) 中心百货商城持进账单及两份个人卡消费签购单来行办理进账手续。经查，进账单总金额 3 256.27 元，其中持卡人黄玉梅消费 1 812.90 元，持卡人汪霞消费 1 443.37 元。审核无误，按规定转账。

(7) 南方财务公司持信用卡转账单向常青花园酒店支付食宿费 12 800 元，审核无误予以办理。

(8) 新时尚商业大厦持进账单及两份个人卡消费签购单来行办理进账手续，进账单总金额 5 080 元，其中持卡人鲁方菲应支付 1 600 元，另一持卡人徐晓凤（同城 B 行客户）支付 3 480 元。审核无误，按规定转账。

(9) 持卡人郭大军从个人卡账户转出 5 000 元，系支付扬帆五金建材商场家装材料款。

(10) 持卡人紫藤工艺家具厂转账支付新时尚商业大厦购货款 9 200 元，由新时尚商业大厦送交进账单及信用卡签购单办理转账手续。

（二）实训要求

1. 根据以上各笔经济业务分别填制相关银行会计凭证（空白银行会计凭证见后附）。

(1) 信用卡现金存款业务应编制信用卡存款单（共 2 份）；

(2) 信用卡现金取款业务应编制信用卡取现单（共 2 份）；

(3) 信用卡转账业务应编制信用卡转账单（共 3 份）；

(4) 信用卡消费业务应编制信用卡签购单（共 5 份）及进账单（共 3 份）。

2. 根据填制完整并经审核无误的银行会计凭证登记江城 A 支行相关分户账。

(1) 根据信用卡存款单第二联，一方面登记持卡人存款账户贷方并结出余额，另一方面登记现金收入日记簿，记账后加盖现金收讫章留存。

(2) 根据信用卡取现单第二联，一方面登记持卡人存款账户借方并结出余额，另一方面登记现金付出日记簿，记账后加盖现金付讫章留存。

(3) 根据信用卡转账单，第二联登记持卡人存款账户借方并结出余额，第三联登记收款人存款账户贷方并结出余额，记账后第二、三联均加盖转讫章并留存。

(4) 根据进账单第二联登记收款人分户账贷方并结出余额，根据信用卡签购单第二联登记持卡人存款账户借方并结出余额，记账后两联均加盖转讫章并留存。

(5) 将以上各笔经济业务中属于同城他行的会计凭证按行别清分后，分别加计金额及凭证张数，准备提出交换。

持卡人姓名及编号		编号 银行卡存款单
汇款人签名	持卡人签名	
摘　要	日　期	
代理行名称、代号	人民币	
银行签章 科目（贷） 对方科目（借）	存款金额（小写）	
	手续费（小写）	
	交款金额（大写）	

第二联：持卡人开户行作贷方凭证

复核　　记账　　复核　　出纳

持卡人姓名及编号		编号 银行卡存款单
汇款人签名	持卡人签名	
摘　要	日　期	
代理行名称、代号	人民币	
银行签章 科目（贷） 对方科目（借）	存款金额（小写）	
	手续费（小写）	
	交款金额（大写）	

第二联：持卡人开户行作贷方凭证

复核　　记账　　复核　　出纳

持卡人姓名及编号		编号 银行卡取现单
证件	持卡人签名	
授权号码	日期	
代理行名称、代号	人民币	
银行签章	取现金额（小写）	
	手续费（小写）	
	实付金额（大写）	
科目（借） 对方科目（贷）	摘要	

第二联：持卡人开户行作借方凭证

复核　　记账　　复核　　出纳

持卡人姓名及编号		编号 银行卡取现单
证件	持卡人签名	
授权号码	日期	
代理行名称、代号	人民币	
银行签章	取现金额（小写）	
	手续费（小写）	
	实付金额（大写）	
科目（借） 对方科目（贷）	摘要	

第二联：持卡人开户行作借方凭证

复核　　记账　　复核　　出纳

<table>
<tr><td>持卡人姓名及编号</td><td></td><td rowspan="3">编号
银行
卡转账单</td></tr>
<tr><td>证　件</td><td>持卡人签名</td></tr>
<tr><td>授权号码</td><td>日　期</td></tr>
</table>

<table>
<tr><td colspan="2" rowspan="2">受理行名称、代号</td><td rowspan="3">收款单位</td><td>全称</td><td colspan="3"></td></tr>
<tr><td>账号</td><td colspan="3"></td></tr>
<tr><td rowspan="3">摘要</td><td rowspan="3">银行签章
科目（借）
对方科目（贷）</td><td>开户行</td><td></td><td>行号</td><td></td></tr>
<tr><td rowspan="2">金额</td><td>小写</td><td colspan="3"></td></tr>
<tr><td>大写</td><td colspan="3"></td></tr>
</table>

主管　　复核　　记账

第二联：持卡人开户行作借方凭证

<table>
<tr><td>持卡人姓名及编号</td><td></td><td rowspan="3">编号
银行
卡转账单</td></tr>
<tr><td>证　件</td><td>持卡人签名</td></tr>
<tr><td>授权号码</td><td>日　期</td></tr>
</table>

<table>
<tr><td colspan="2" rowspan="2">受理行名称、代号</td><td rowspan="3">收款单位</td><td>全称</td><td colspan="3"></td></tr>
<tr><td>账号</td><td colspan="3"></td></tr>
<tr><td rowspan="3">摘要</td><td rowspan="3">银行签章
科目（贷）
对方科目（借）</td><td>开户行</td><td></td><td>行号</td><td></td></tr>
<tr><td rowspan="2">金额</td><td>小写</td><td colspan="3"></td></tr>
<tr><td>大写</td><td colspan="3"></td></tr>
</table>

主管　　复核　　记账

第三联：申请人开户行作贷方凭证

<table>
<tr><td colspan="2">持卡人姓名及编号</td><td colspan="4" rowspan="3">编号
银行
卡转账单</td></tr>
<tr><td colspan="2">证　件　　持卡人签名</td></tr>
<tr><td colspan="2">授权号码　　日　期</td></tr>
<tr><td colspan="2" rowspan="2">受理行名称、代号</td><td rowspan="3">收款单位</td><td>全称</td><td colspan="2"></td></tr>
<tr><td>账号</td><td colspan="2"></td></tr>
<tr><td rowspan="3">摘要</td><td rowspan="3">银行签章
科目(借)
对方科目(贷)</td><td>开户行</td><td></td><td>行号</td></tr>
<tr><td rowspan="2">金额</td><td>小写</td><td colspan="2"></td></tr>
<tr><td>大写</td><td colspan="2"></td></tr>
</table>

主管　　复核　　记账

第二联：持卡人开户行作借方凭证

<table>
<tr><td colspan="2">持卡人姓名及编号</td><td colspan="4" rowspan="3">编号
银行
卡转账单</td></tr>
<tr><td colspan="2">证　件　　持卡人签名</td></tr>
<tr><td colspan="2">授权号码　　日　期</td></tr>
<tr><td colspan="2" rowspan="2">受理行名称、代号</td><td rowspan="3">收款单位</td><td>全称</td><td colspan="2"></td></tr>
<tr><td>账号</td><td colspan="2"></td></tr>
<tr><td rowspan="3">摘要</td><td rowspan="3">银行签章
科目(贷)
对方科目(借)</td><td>开户行</td><td></td><td>行号</td></tr>
<tr><td rowspan="2">金额</td><td>小写</td><td colspan="2"></td></tr>
<tr><td>大写</td><td colspan="2"></td></tr>
</table>

主管　　复核　　记账

第三联：申请人开户行作贷方凭证

持卡人姓名及编号				编号		
证件	持卡人签名			银行卡转账单		
授权号码	日期					
受理行名称、代号		收款单位	全称			
			账号			
摘要	银行签章 科目（借） 对方科目（贷）		开户行		行号	
		金额	小写			
			大写			

主管　　　　复核　　　　记账

第二联：持卡人开户行作借方凭证

持卡人姓名及编号				编号		
证件	持卡人签名			银行卡转账单		
授权号码	日期					
受理行名称、代号		收款单位	全称			
			账号			
摘要	银行签章 科目（贷） 对方科目（借）		开户行		行号	
		金额	小写			
			大写			

主管　　　　复核　　　　记账

第三联：申请人开户行作贷方凭证

银行　进账单（贷方凭证）2

年　月　日

<table>
<tr><td rowspan="3">出票人</td><td>全称</td><td></td><td rowspan="3">收款人</td><td>全称</td><td colspan="11"></td></tr>
<tr><td>账号</td><td></td><td>账号</td><td colspan="11"></td></tr>
<tr><td>开户行</td><td></td><td>开户行</td><td colspan="11"></td></tr>
<tr><td rowspan="2">金额</td><td colspan="4" rowspan="2">人民币
（大写）</td><td>亿</td><td>千</td><td>百</td><td>十</td><td>万</td><td>千</td><td>百</td><td>十</td><td>元</td><td>角</td><td>分</td></tr>
<tr><td></td><td></td><td></td><td></td><td></td><td></td><td></td><td></td><td></td><td></td><td></td></tr>
<tr><td colspan="2">票据种类</td><td></td><td>票据张数</td><td></td><td colspan="11" rowspan="3">复核　　记账</td></tr>
<tr><td colspan="2">票据号码</td><td colspan="3"></td></tr>
<tr><td colspan="5">备注：</td></tr>
</table>

此联由收款人开户行作贷方凭证

<table>
<tr><td colspan="2">持卡人姓名及编号</td><td>编号

银行
卡签购单</td></tr>
<tr><td>证　件</td><td>持卡人签名</td><td></td></tr>
<tr><td>授权号码</td><td>日　期</td><td></td></tr>
<tr><td colspan="2">特约单位名称、代号
经办人签章</td><td colspan="2">人 民 币</td></tr>
<tr><td colspan="2" rowspan="3">银行签章

科目（借）
对方科目（贷）</td><td>购物消费（小写）</td><td></td></tr>
<tr><td>什项（小写）</td><td></td></tr>
<tr><td>总额（大写）</td><td></td></tr>
<tr><td colspan="2"></td><td>摘　要</td><td></td></tr>
</table>

主管　　复核　　记账

第二联：持卡人开户行作借方凭证

持卡人姓名及编号		编号 银行 卡签购单
证　件	持卡人签名	
授权号码	日　期	
特约单位名称、代号 经办人签章	人民币	
银行签章 科目(借) 对方科目(贷)	购物消费 (小写)	
	什项 (小写)	
	总额 (大写)	
	摘　要	

主管　　　复核　　　记账

第二联：持卡人开户行作借方凭证

银行　进账单 (贷方凭证) 2

年　月　日

出票人	全称		收款人	全称	
	账号			账号	
	开户行			开户行	

金额	人民币 (大写)	亿	千	百	十	万	千	百	十	元	角	分

票据种类		票据张数		
票据号码				
备注：				复核　　记账

此联由收款人开户行作贷方凭证

<table>
<tr><td colspan="2">持卡人姓名及编号</td><td rowspan="3">编号
银行
卡签购单</td></tr>
<tr><td>证　　件</td><td>持卡人签名</td></tr>
<tr><td>授权号码</td><td>日　期</td></tr>
<tr><td rowspan="2">特约单位名称、代号
经办人签章</td><td colspan="2">人 民 币</td></tr>
<tr><td>购物消费
（小写）</td><td></td></tr>
<tr><td rowspan="2">银行签章
科目（借）
对方科目（贷）</td><td>什项
（小写）</td><td></td></tr>
<tr><td>总额
（大写）</td><td></td></tr>
<tr><td></td><td>摘　要</td><td></td></tr>
</table>

主管　　　　复核　　　　记账

第二联：持卡人开户行作借方凭证

银行　进账单（贷方凭证）2

年　月　日

<table>
<tr><td rowspan="3">出票人</td><td>全称</td><td></td><td rowspan="3">收款人</td><td>全称</td><td colspan="11"></td></tr>
<tr><td>账号</td><td></td><td>账号</td><td colspan="11"></td></tr>
<tr><td>开户行</td><td></td><td>开户行</td><td colspan="11"></td></tr>
<tr><td rowspan="2">金额</td><td colspan="4" rowspan="2">人民币
（大写）</td><td>亿</td><td>千</td><td>百</td><td>十</td><td>万</td><td>千</td><td>百</td><td>十</td><td>元</td><td>角</td><td>分</td></tr>
<tr><td></td><td></td><td></td><td></td><td></td><td></td><td></td><td></td><td></td><td></td><td></td></tr>
<tr><td>票据种类</td><td></td><td>票据张数</td><td></td><td colspan="12" rowspan="3">复核　　记账</td></tr>
<tr><td>票据号码</td><td colspan="3"></td></tr>
<tr><td colspan="4">备注：</td></tr>
</table>

此联由收款人开户行作贷方凭证

银行卡签购单

第二联：持卡人开户行作借方凭证

持卡人姓名及编号			编号
证　件	持卡人签名		
授权号码	日　期		
特约单位名称、代号 经办人签章		人民币	
银行签章 科目(借) 对方科目(贷)		购物消费（小写）	
		什项（小写）	
		总额（大写）	
		摘　要	

主管　　　　复核　　　　记账

银行卡签购单

第二联：持卡人开户行作借方凭证

持卡人姓名及编号			编号
证　件	持卡人签名		
授权号码	日　期		
特约单位名称、代号 经办人签章		人民币	
银行签章 科目(借) 对方科目(贷)		购物消费（小写）	
		什项（小写）	
		总额（大写）	
		摘　要	

主管　　　　复核　　　　记账

实训六　模拟银行汇兑、托收承付、委托收款的核算

（一）实训资料

江城A支行6月20日发生下列异地结算业务。

(1) 华中医学院向北方中药试剂厂(异地乙联行开户,账号乙—302—21)信汇货款120 000元。

(2) 红旗机床制造厂以电汇方式支付万达机械厂(异地甲联行开户,账号甲—302—35)货款100 000元。

(3) 江南钢铁公司提交托收结算凭证,金额51 037元,付款人神通汽车制造厂(异地丙联行开户,账号丙—302—66)。

(4) 国营白莲湖农场提交信汇结算凭证,金额8 000元,系支付异地甲联行开户的湘南农科所(账号甲—310—16)种子款。

(5) 受中南石油工业公司委托向异地丙联行发出托收结算凭证,货款金额290 713元,付款人华北石油公司(异地丙联行开户,账号丙—310—81)。

(6) 省经济综合大学提交信汇结算凭证,向京宇电脑软件公司(异地乙联行开户,账号乙—310—29)支付购买电脑软件款项,金额350 000元。

(7) 客户杨群提交现金80 000元办理电汇手续,汇入行异地丁联行,汇款备注栏注明"留行待取"。

(8) 大桥食品加工厂以信汇方式向柳江糖厂(异地甲联行开户,账号甲—302—37)支付货款50 000元。

(9) 省外贸服装加工厂以托收承付方式向新世纪商贸广场(异地丙联行开户,账号丙—304—20)收取服装销售款448 991.13元。

(10) 客户姚景强持现金4 300元来行办理信汇,收款人为商业个体户邓先民(异地丁联行开户,账号丁—315—10)。

(11) 异地甲联行行号:45860　　　A行行号:34213

异地乙联行行号:69523

异地丙联行行号:28634

异地丁联行行号:82369

（二）实训要求

1. 根据以上各笔经济业务分别填制相关银行会计凭证。

(1) 信汇业务应编制信汇凭证(共5份)及联行邮划贷方报单一式四联(共5份)。

(2) 电汇业务应编制电汇凭证(共2份)及联行电划贷方报单一式四联(2份)。

(3) 托收业务应编制托收凭证(共3份)。

2. 根据填制完整并经审核无误的银行会计凭证登记江城A支行相关分户账。

(1) 根据信汇凭证第二联,登记汇款人存款账户借方并结出余额(交现金的此联注销),记账后加盖转讫章并留存;根据信汇凭证第三联,编制邮划贷方报单,在第一联报单上加盖联行专用章,信汇凭证第三联加盖结算专用章后随第二联报单及信汇凭证第四联一并寄收款人开户行。

(2) 对电汇凭证第二联的处理比照信汇凭证第二联,记账后加盖转讫章并留存,根据电汇凭证第三联编制电划贷方报单,并根据电划贷方报单发电传给收款人开户行。

(3) 托收凭证第二联专夹保管,第三、四、五联寄付款人开户行。

银行　信汇凭证（借方凭证）2

年　月　日

<table>
<tr><td rowspan="3">汇款人</td><td>全　称</td><td></td><td rowspan="3">收款人</td><td colspan="2">全　称</td><td colspan="11"></td></tr>
<tr><td>账　号</td><td></td><td colspan="2">账　号</td><td colspan="11"></td></tr>
<tr><td>汇出地点</td><td>省　市/县</td><td colspan="2">汇入地点</td><td colspan="11">省　市/县</td></tr>
<tr><td colspan="2">汇出行名称</td><td></td><td colspan="3">汇入行名称</td><td colspan="11"></td></tr>
<tr><td rowspan="2">金额</td><td colspan="5" rowspan="2">人民币
（大写）</td><td>亿</td><td>千</td><td>百</td><td>十</td><td>万</td><td>千</td><td>百</td><td>十</td><td>元</td><td>角</td><td>分</td></tr>
<tr><td></td><td></td><td></td><td></td><td></td><td></td><td></td><td></td><td></td><td></td><td></td></tr>
<tr><td colspan="4" rowspan="2">此汇款支付给收款人

汇款人签章</td><td colspan="2">支付密码</td><td colspan="11"></td></tr>
<tr><td colspan="13">附加信息及用途

复核　记账</td></tr>
</table>

此联汇出行作借方凭证

银行　信汇凭证（贷方凭证）3

年　月　日

<table>
<tr><td rowspan="3">汇款人</td><td>全　称</td><td></td><td rowspan="3">收款人</td><td colspan="2">全　称</td><td colspan="11"></td></tr>
<tr><td>账　号</td><td></td><td colspan="2">账　号</td><td colspan="11"></td></tr>
<tr><td>汇出地点</td><td>省　市/县</td><td colspan="2">汇入地点</td><td colspan="11">省　市/县</td></tr>
<tr><td colspan="2">汇出行名称</td><td></td><td colspan="3">汇入行名称</td><td colspan="11"></td></tr>
<tr><td rowspan="2">金额</td><td colspan="5" rowspan="2">人民币
（大写）</td><td>亿</td><td>千</td><td>百</td><td>十</td><td>万</td><td>千</td><td>百</td><td>十</td><td>元</td><td>角</td><td>分</td></tr>
<tr><td></td><td></td><td></td><td></td><td></td><td></td><td></td><td></td><td></td><td></td><td></td></tr>
<tr><td colspan="4" rowspan="2"></td><td colspan="2">支付密码</td><td colspan="11"></td></tr>
<tr><td colspan="13">附加信息及用途

复核　记账</td></tr>
</table>

此联汇入行作贷方凭证

银行　信汇凭证 （借方凭证） 2

年　月　日

<table>
<tr><td rowspan="3">汇款人</td><td>全　称</td><td></td><td rowspan="3">收款人</td><td>全　称</td><td colspan="11"></td></tr>
<tr><td>账　号</td><td></td><td>账　号</td><td colspan="11"></td></tr>
<tr><td>汇出地点</td><td>省　市/县</td><td>汇入地点</td><td colspan="11">省　市/县</td></tr>
<tr><td colspan="2">汇出行名称</td><td></td><td colspan="2">汇入行名称</td><td colspan="11"></td></tr>
<tr><td rowspan="2">金额</td><td colspan="4" rowspan="2">人民币
（大写）</td><td>亿</td><td>千</td><td>百</td><td>十</td><td>万</td><td>千</td><td>百</td><td>十</td><td>元</td><td>角</td><td>分</td></tr>
<tr><td></td><td></td><td></td><td></td><td></td><td></td><td></td><td></td><td></td><td></td><td></td></tr>
<tr><td colspan="4" rowspan="2">此汇款支付给收款人

汇款人签章</td><td>支付密码</td><td colspan="11"></td></tr>
<tr><td colspan="12">附加信息及用途

复核　记账</td></tr>
</table>

此联汇出行作借方凭证

银行　信汇凭证 （贷方凭证） 3

年　月　日

<table>
<tr><td rowspan="3">汇款人</td><td>全　称</td><td></td><td rowspan="3">收款人</td><td>全　称</td><td colspan="11"></td></tr>
<tr><td>账　号</td><td></td><td>账　号</td><td colspan="11"></td></tr>
<tr><td>汇出地点</td><td>省　市/县</td><td>汇入地点</td><td colspan="11">省　市/县</td></tr>
<tr><td colspan="2">汇出行名称</td><td></td><td colspan="2">汇入行名称</td><td colspan="11"></td></tr>
<tr><td rowspan="2">金额</td><td colspan="4" rowspan="2">人民币
（大写）</td><td>亿</td><td>千</td><td>百</td><td>十</td><td>万</td><td>千</td><td>百</td><td>十</td><td>元</td><td>角</td><td>分</td></tr>
<tr><td></td><td></td><td></td><td></td><td></td><td></td><td></td><td></td><td></td><td></td><td></td></tr>
<tr><td colspan="4" rowspan="2"></td><td>支付密码</td><td colspan="11"></td></tr>
<tr><td colspan="12">附加信息及用途

复核　记账</td></tr>
</table>

此联汇入行作贷方凭证

银行　信汇凭证（借方凭证）2

年　　月　　日

<table>
<tr><td rowspan="3">汇款人</td><td>全　　称</td><td></td><td rowspan="3">收款人</td><td>全　　称</td><td colspan="11"></td></tr>
<tr><td>账　　号</td><td></td><td>账　　号</td><td colspan="11"></td></tr>
<tr><td>汇出地点</td><td>省　　市/县</td><td>汇入地点</td><td colspan="11">省　　市/县</td></tr>
<tr><td colspan="2">汇出行名称</td><td></td><td colspan="2">汇入行名称</td><td colspan="11"></td></tr>
<tr><td rowspan="2">金额</td><td colspan="4" rowspan="2">人民币
（大写）</td><td>亿</td><td>千</td><td>百</td><td>十</td><td>万</td><td>千</td><td>百</td><td>十</td><td>元</td><td>角</td><td>分</td></tr>
<tr><td></td><td></td><td></td><td></td><td></td><td></td><td></td><td></td><td></td><td></td><td></td></tr>
<tr><td colspan="3" rowspan="2">此汇款支付给收款人

汇款人签章</td><td colspan="2">支付密码</td><td colspan="11"></td></tr>
<tr><td colspan="13">附加信息及用途

复核　　记账</td></tr>
</table>

此联汇出行作借方凭证

银行　信汇凭证（贷方凭证）3

年　　月　　日

<table>
<tr><td rowspan="3">汇款人</td><td>全　　称</td><td></td><td rowspan="3">收款人</td><td>全　　称</td><td colspan="11"></td></tr>
<tr><td>账　　号</td><td></td><td>账　　号</td><td colspan="11"></td></tr>
<tr><td>汇出地点</td><td>省　　市/县</td><td>汇入地点</td><td colspan="11">省　　市/县</td></tr>
<tr><td colspan="2">汇出行名称</td><td></td><td colspan="2">汇入行名称</td><td colspan="11"></td></tr>
<tr><td rowspan="2">金额</td><td colspan="4" rowspan="2">人民币
（大写）</td><td>亿</td><td>千</td><td>百</td><td>十</td><td>万</td><td>千</td><td>百</td><td>十</td><td>元</td><td>角</td><td>分</td></tr>
<tr><td></td><td></td><td></td><td></td><td></td><td></td><td></td><td></td><td></td><td></td><td></td></tr>
<tr><td colspan="3" rowspan="2"></td><td colspan="2">支付密码</td><td colspan="11"></td></tr>
<tr><td colspan="13">附加信息及用途

复核　　记账</td></tr>
</table>

此联汇入行作贷方凭证

银行　信汇凭证（借方凭证）2

年　月　日

汇款人	全　称		收款人	全　称	
	账　号			账　号	
	汇出地点	省　市/县		汇入地点	省　市/县
汇出行名称			汇入行名称		

		亿	千	百	十	万	千	百	十	元	角	分
金额	人民币 （大写）											

此汇款支付给收款人 汇款人签章	支付密码	
	附加信息及用途 复核　记账	

此联汇出行作借方凭证

银行　信汇凭证（贷方凭证）3

年　月　日

汇款人	全　称		收款人	全　称	
	账　号			账　号	
	汇出地点	省　市/县		汇入地点	省　市/县
汇出行名称			汇入行名称		

		亿	千	百	十	万	千	百	十	元	角	分
金额	人民币 （大写）											

	支付密码	
	附加信息及用途 复核　记账	

此联汇入行作贷方凭证

银行　信汇凭证　（借方凭证）　2

年　　月　　日

<table>
<tr><td rowspan="3">汇款人</td><td>全　　称</td><td></td><td rowspan="3">收款人</td><td>全　　称</td><td colspan="11"></td></tr>
<tr><td>账　　号</td><td></td><td>账　　号</td><td colspan="11"></td></tr>
<tr><td>汇出地点</td><td>省　　市/县</td><td>汇入地点</td><td colspan="11">省　　市/县</td></tr>
<tr><td colspan="2">汇出行名称</td><td></td><td colspan="2">汇入行名称</td><td colspan="11"></td></tr>
<tr><td rowspan="2">金额</td><td colspan="4" rowspan="2">人民币
（大写）</td><td>亿</td><td>千</td><td>百</td><td>十</td><td>万</td><td>千</td><td>百</td><td>十</td><td>元</td><td>角</td><td>分</td></tr>
<tr><td></td><td></td><td></td><td></td><td></td><td></td><td></td><td></td><td></td><td></td><td></td></tr>
<tr><td colspan="4" rowspan="2">此汇款支付给收款人

汇款人签章</td><td>支付密码</td><td colspan="11"></td></tr>
<tr><td colspan="12">附加信息及用途

复核　　　　记账</td></tr>
</table>

此联汇出行作借方凭证

银行　信汇凭证　（贷方凭证）　3

年　　月　　日

<table>
<tr><td rowspan="3">汇款人</td><td>全　　称</td><td></td><td rowspan="3">收款人</td><td>全　　称</td><td colspan="11"></td></tr>
<tr><td>账　　号</td><td></td><td>账　　号</td><td colspan="11"></td></tr>
<tr><td>汇出地点</td><td>省　　市/县</td><td>汇入地点</td><td colspan="11">省　　市/县</td></tr>
<tr><td colspan="2">汇出行名称</td><td></td><td colspan="2">汇入行名称</td><td colspan="11"></td></tr>
<tr><td rowspan="2">金额</td><td colspan="4" rowspan="2">人民币
（大写）</td><td>亿</td><td>千</td><td>百</td><td>十</td><td>万</td><td>千</td><td>百</td><td>十</td><td>元</td><td>角</td><td>分</td></tr>
<tr><td></td><td></td><td></td><td></td><td></td><td></td><td></td><td></td><td></td><td></td><td></td></tr>
<tr><td colspan="4" rowspan="2"></td><td>支付密码</td><td colspan="11"></td></tr>
<tr><td colspan="12">附加信息及用途

复核　　　　记账</td></tr>
</table>

此联汇入行作贷方凭证

银行　电汇凭证　（借方凭证）　2

□普通 □加急　　委托日期　　年　月　日

<table>
<tr><td rowspan="3">汇款人</td><td>全　称</td><td></td><td rowspan="3">收款人</td><td>全　称</td><td colspan="11"></td></tr>
<tr><td>账　号</td><td></td><td>账　号</td><td colspan="11"></td></tr>
<tr><td>汇出地点</td><td>省　市/县</td><td>汇入地点</td><td colspan="11">省　市/县</td></tr>
<tr><td colspan="2">汇出行名称</td><td></td><td colspan="2">汇入行名称</td><td colspan="11"></td></tr>
<tr><td rowspan="2">金额</td><td colspan="4" rowspan="2">人民币
（大写）</td><td>亿</td><td>千</td><td>百</td><td>十</td><td>万</td><td>千</td><td>百</td><td>十</td><td>元</td><td>角</td><td>分</td></tr>
<tr><td></td><td></td><td></td><td></td><td></td><td></td><td></td><td></td><td></td><td></td><td></td></tr>
<tr><td colspan="3" rowspan="2">此汇款支付给收款人

汇款人签章</td><td colspan="2">支付密码</td><td colspan="11"></td></tr>
<tr><td colspan="13">附加信息及用途

复核　　记账</td></tr>
</table>

此联汇出行作借方凭证

银行　电汇凭证　（汇款依据）　3

□普通 □加急　　委托日期　　年　月　日

<table>
<tr><td rowspan="3">汇款人</td><td>全　称</td><td></td><td rowspan="3">收款人</td><td>全　称</td><td colspan="11"></td></tr>
<tr><td>账　号</td><td></td><td>账　号</td><td colspan="11"></td></tr>
<tr><td>汇出地点</td><td>省　市/县</td><td>汇入地点</td><td colspan="11">省　市/县</td></tr>
<tr><td colspan="2">汇出行名称</td><td></td><td colspan="2">汇入行名称</td><td colspan="11"></td></tr>
<tr><td rowspan="2">金额</td><td colspan="4" rowspan="2">人民币
（大写）</td><td>亿</td><td>千</td><td>百</td><td>十</td><td>万</td><td>千</td><td>百</td><td>十</td><td>元</td><td>角</td><td>分</td></tr>
<tr><td></td><td></td><td></td><td></td><td></td><td></td><td></td><td></td><td></td><td></td><td></td></tr>
<tr><td colspan="3" rowspan="2"></td><td colspan="2">支付密码</td><td colspan="11"></td></tr>
<tr><td colspan="13">附加信息及用途

复核　　记账</td></tr>
</table>

此联汇出行凭以汇出汇款

银行 电汇凭证 （借方凭证） 2

□普通 □加急　　　　委托日期　　年　月　日

汇款人	全　称		收款人	全　称	
	账　号			账　号	
	汇出地点	省　市/县		汇入地点	省　市/县
汇出行名称			汇入行名称		
金额	人民币（大写）				亿千百十万千百十元角分
此汇款支付给收款人 汇款人签章			支付密码		
			附加信息及用途 复核　　记账		

此联汇出行作借方凭证

银行 电汇凭证 （汇款依据） 3

□普通 □加急　　　　委托日期　　年　月　日

汇款人	全　称		收款人	全　称	
	账　号			账　号	
	汇出地点	省　市/县		汇入地点	省　市/县
汇出行名称			汇入行名称		
金额	人民币（大写）				亿千百十万千百十元角分
			支付密码		
			附加信息及用途 复核　　记账		

此联汇出行凭以汇出汇款

托收凭证 （贷方凭证） 2

委托日期　　　　年　　月　　日

<table>
<tr><td colspan="2">业务类型</td><td colspan="7">委托收款（□邮划、□电划）　　托收承付（□邮划、□电划）</td></tr>
<tr><td rowspan="3">付款人</td><td>全称</td><td colspan="3"></td><td rowspan="3">收款人</td><td>全称</td><td colspan="2"></td></tr>
<tr><td>账号</td><td colspan="3"></td><td>账号</td><td colspan="2"></td></tr>
<tr><td>地址</td><td>省　市县</td><td>开户行</td><td></td><td>地址</td><td>省　市县</td><td>开户行</td></tr>
<tr><td>金额</td><td colspan="6">人民币
（大写）</td><td colspan="2">亿千百十万千百十元角分</td></tr>
<tr><td>款项内容</td><td colspan="2"></td><td>托收凭据名称</td><td></td><td colspan="2">附寄单证张数</td><td colspan="2"></td></tr>
<tr><td colspan="2">商品发运情况</td><td colspan="2"></td><td colspan="2">合同名称号码</td><td colspan="3"></td></tr>
<tr><td colspan="3">备注：
收款人开户行收到日期
年　月　日</td><td colspan="3">上列款项随附有关债务证明，请予办理。
收款人签章</td><td colspan="3">复核　　　记账</td></tr>
</table>

此联收款人开户行作贷方传票

托收凭证 （借方传票） 3

委托日期　　　　年　　月　　日

<table>
<tr><td colspan="2">业务类型</td><td colspan="7">委托收款（□邮划、□电划）　　托收承付（□邮划、□电划）</td></tr>
<tr><td rowspan="3">付款人</td><td>全称</td><td colspan="3"></td><td rowspan="3">收款人</td><td>全称</td><td colspan="2"></td></tr>
<tr><td>账号</td><td colspan="3"></td><td>账号</td><td colspan="2"></td></tr>
<tr><td>地址</td><td>省　市县</td><td>开户行</td><td></td><td>地址</td><td>省　市县</td><td>开户行</td></tr>
<tr><td>金额</td><td colspan="6">人民币
（大写）</td><td colspan="2">亿千百十万千百十元角分</td></tr>
<tr><td>款项内容</td><td colspan="2"></td><td>托收凭据名称</td><td></td><td colspan="2">附寄单证张数</td><td colspan="2"></td></tr>
<tr><td colspan="2">商品发运情况</td><td colspan="2"></td><td colspan="2">合同名称号码</td><td colspan="3"></td></tr>
<tr><td colspan="3">备注：
付款人开户行收到日期
年　月　日</td><td colspan="3">收款人开户行签章
年　月　日</td><td colspan="3">复核　　　记账</td></tr>
</table>

此联付款人开户行作借方凭证

托收凭证 （汇款依据或收账通知） 4

委托日期　　年　月　日

业务类型	委托收款（□邮划、□电划）			托收承付（□邮划、□电划）				
付款人	全称			收款人	全称			
	账号				账号			
	地址	省　市县	开户行		地址	省　市县	开户行	
金额	人民币（大写）						亿千百十万千百十元角分	
款项内容		托收凭据名称		附寄单证张数				
商品发运情况			合同名称号码					
备注：		上列款项已划回收入你方账户。 收款人开户行签章 年　月　日						

此联付款人开户行凭以汇款

托收凭证 （贷方凭证） 2

委托日期　　年　月　日

业务类型	委托收款（□邮划、□电划）			托收承付（□邮划、□电划）				
付款人	全称			收款人	全称			
	账号				账号			
	地址	省　市县	开户行		地址	省　市县	开户行	
金额	人民币（大写）						亿千百十万千百十元角分	
款项内容		托收凭据名称		附寄单证张数				
商品发运情况			合同名称号码					
备注： 收款人开户行收到日期 年　月　日		上列款项随附有关债务证明，请予办理。 收款人签章			复核　记账			

此联收款人开户行作贷方传票

托收凭证（借方传票） 3

委托日期　　年　月　日

业务类型	委托收款（□邮划、□电划）			托收承付（□邮划、□电划）			
付款人	全称			收款人	全称		
	账号				账号		
	地址	省　市县	开户行		地址	省　市县	开户行
金额	人民币（大写）						亿千百十万千百十元角分
款项内容		托收凭据名称		附寄单证张数			
商品发运情况				合同名称号码			
备注： 付款人开户行收到日期 年　月　日		收款人开户行签章 年　月　日				复核　记账	

此联付款人开户行作借方凭证

托收凭证（汇款依据或收账通知） 4

委托日期　　年　月　日

业务类型	委托收款（□邮划、□电划）			托收承付（□邮划、□电划）			
付款人	全称			收款人	全称		
	账号				账号		
	地址	省　市县	开户行		地址	省　市县	开户行
金额	人民币（大写）						亿千百十万千百十元角分
款项内容		托收凭据名称		附寄单证张数			
商品发运情况				合同名称号码			
备注：		上列款项已划回收入你方账户。 收款人开户行签章 年　月　日					

此联付款人开户行凭以汇款

托收凭证 （贷方凭证） 2

委托日期　　年　月　日

业务类型	委托收款（□邮划、□电划）				托收承付（□邮划、□电划）																	
付款人	全称				收款人	全称																
	账号					账号																
	地址	省　市县	开户行			地址	省　市县	开户行														
金额	人民币（大写）												亿	千	百	十	万	千	百	十	元	角	分
款项内容		托收凭据名　称		附寄单证张数																		
商品发运情况			合同名称号码																			
备注： 收款人开户行收到日期 年　月　日		上列款项随附有关债务证明，请予办理。 收款人签章		复核　　记账																		

此联收款人开户行作贷方传票

托收凭证 （借方传票） 3

委托日期　　年　月　日

业务类型	委托收款（□邮划、□电划）				托收承付（□邮划、□电划）																	
付款人	全称				收款人	全称																
	账号					账号																
	地址	省　市县	开户行			地址	省　市县	开户行														
金额	人民币（大写）												亿	千	百	十	万	千	百	十	元	角	分
款项内容		托收凭据名　称		附寄单证张数																		
商品发运情况			合同名称号码																			
备注： 付款人开户行收到日期 年　月　日		收款人开户行签章 年　月　日		复核　　记账																		

此联付款人开户行作借方凭证

托收凭证（汇款依据或收账通知） 4

委托日期　　年　月　日

业务类型	委托收款（□邮划、□电划）　托收承付（□邮划、□电划）							
付款人	全称			收款人	全称			
	账号				账号			
	地址	省　市县	开户行		地址	省　市县	开户行	
金额	人民币（大写）					亿 千 百 十 万 千 百 十 元 角 分		
款项内容		托收凭据名称		附寄单证张数				
商品发运情况			合同名称号码					
备注：		上列款项已划回收入你方账户。 收款人开户行签章 年　月　日						

此联付款人开户行凭以汇款

1　邮划贷方报单第一联

报单号码　Ⅱ Ⅰ

发报行	行号		编制	年　月　日	收报行	行号		转账日期	
	行名					行名			
收款单位账号或名称	付款单位账号或名称	千 百 十 万 千 百 十 元 角 分			合计金额	亿 千 百 十 万 千 百 十 元 角 分			
					事由				
					附件		密押		编押
备注：		发报行	（发报行公章）		收报行	核对印鉴 复　核 对账日期		核押 记账 对账	

报单内仅填一笔业务时，只将金额填入合计金额栏，如填数笔业务时，除分填每笔金额外，应将总数填入合计金额栏。

2　邮划贷方报单第二联

报单号码　Ⅱ Ⅰ

发报行	行号		编制	年　月　日	收报行	行号		转账日期	
	行名					行名			

收款单位账号或名称	付款单位账号或名称	千	百	十	万	千	百	十	元	角	分

合计金额	亿	千	百	十	万	千	百	十	元	角	分

事由					
附件		密押		编押	

备注：

3　邮划贷方报单第三联

报单号码　Ⅱ Ⅰ

发报行	行号		编制	年　月　日	收报行	行号		转账日期	
	行名					行名			

收款单位账号或名称	付款单位账号或名称	千	百	十	万	千	百	十	元	角	分

合计金额	亿	千	百	十	万	千	百	十	元	角	分

事由					
附件		密押		编押	

备注：	发报行	复核	记账

4

邮划贷方报单第四联

报单号码　Ⅱ Ⅰ

<table>
<tr><td rowspan="2">发报行</td><td>行号</td><td></td><td>编制</td><td>年　月　日</td><td rowspan="2">收报行</td><td>行号</td><td></td><td>转账日期</td><td></td></tr>
<tr><td>行名</td><td colspan="3"></td><td>行名</td><td colspan="3"></td></tr>
</table>

<table>
<tr><td>收款单位
账号或名称</td><td>付款单位
账号或名称</td><td>千</td><td>百</td><td>十</td><td>万</td><td>千</td><td>百</td><td>十</td><td>元</td><td>角</td><td>分</td><td rowspan="2">合计
金额</td><td>亿</td><td>千</td><td>百</td><td>十</td><td>万</td><td>千</td><td>百</td><td>十</td><td>元</td><td>角</td><td>分</td></tr>
<tr><td></td><td></td><td></td><td></td><td></td><td></td><td></td><td></td><td></td><td></td><td></td><td></td><td></td><td></td><td></td><td></td><td></td><td></td><td></td><td></td><td></td><td></td><td></td></tr>
<tr><td></td><td></td><td></td><td></td><td></td><td></td><td></td><td></td><td></td><td></td><td></td><td></td><td rowspan="2">事由</td><td colspan="11" rowspan="2"></td></tr>
<tr><td></td><td></td><td></td><td></td><td></td><td></td><td></td><td></td><td></td><td></td><td></td><td></td></tr>
<tr><td></td><td></td><td></td><td></td><td></td><td></td><td></td><td></td><td></td><td></td><td></td><td></td><td rowspan="2">附件</td><td colspan="2" rowspan="2"></td><td rowspan="2">密押</td><td colspan="3" rowspan="2"></td><td rowspan="2">编押</td><td colspan="4" rowspan="2"></td></tr>
<tr><td></td><td></td><td></td><td></td><td></td><td></td><td></td><td></td><td></td><td></td><td></td><td></td></tr>
</table>

<table>
<tr><td>备注：</td><td>发报行</td><td>（发报行公章）</td><td>收报行</td><td>核对印鉴
复　　核
对账日期</td><td>核押
记账
对账</td></tr>
</table>

1

邮划贷方报单第一联

报单号码　Ⅱ Ⅰ

报单内仅填一笔业务时，只将金额填入合计金额栏，如填数笔业务时，除分填每笔金额外，应将总数填入合计金额栏。

<table>
<tr><td rowspan="2">发报行</td><td>行号</td><td></td><td>编制</td><td>年　月　日</td><td rowspan="2">收报行</td><td>行号</td><td></td><td>转账日期</td><td></td></tr>
<tr><td>行名</td><td colspan="3"></td><td>行名</td><td colspan="3"></td></tr>
</table>

<table>
<tr><td>收款单位
账号或名称</td><td>付款单位
账号或名称</td><td>千</td><td>百</td><td>十</td><td>万</td><td>千</td><td>百</td><td>十</td><td>元</td><td>角</td><td>分</td><td rowspan="2">合计
金额</td><td>亿</td><td>千</td><td>百</td><td>十</td><td>万</td><td>千</td><td>百</td><td>十</td><td>元</td><td>角</td><td>分</td></tr>
<tr><td></td><td></td><td></td><td></td><td></td><td></td><td></td><td></td><td></td><td></td><td></td><td></td><td></td><td></td><td></td><td></td><td></td><td></td><td></td><td></td><td></td><td></td><td></td></tr>
<tr><td></td><td></td><td></td><td></td><td></td><td></td><td></td><td></td><td></td><td></td><td></td><td></td><td rowspan="2">事由</td><td colspan="11" rowspan="2"></td></tr>
<tr><td></td><td></td><td></td><td></td><td></td><td></td><td></td><td></td><td></td><td></td><td></td><td></td></tr>
<tr><td></td><td></td><td></td><td></td><td></td><td></td><td></td><td></td><td></td><td></td><td></td><td></td><td rowspan="2">附件</td><td colspan="2" rowspan="2"></td><td rowspan="2">密押</td><td colspan="3" rowspan="2"></td><td rowspan="2">编押</td><td colspan="4" rowspan="2"></td></tr>
<tr><td></td><td></td><td></td><td></td><td></td><td></td><td></td><td></td><td></td><td></td><td></td><td></td></tr>
</table>

<table>
<tr><td>备注：</td><td>发报行</td><td>（发报行公章）</td><td>收报行</td><td>核对印鉴
复　　核
对账日期</td><td>核押
记账
对账</td></tr>
</table>

2 邮划贷方报单第二联

报单号码 Ⅱ Ⅰ

发报行	行号		编制	年 月 日	收报行	行号		转账日期	
	行名					行名			

收款单位账号或名称	付款单位账号或名称	千	百	十	万	千	百	十	元	角	分	合计金额	亿	千	百	十	万	千	百	十	元	角	分
												事由											
												附件				密押					编押		

备注：

3 邮划贷方报单第三联

报单号码 Ⅱ Ⅰ

发报行	行号		编制	年 月 日	收报行	行号		转账日期	
	行名					行名			

收款单位账号或名称	付款单位账号或名称	千	百	十	万	千	百	十	元	角	分	合计金额	亿	千	百	十	万	千	百	十	元	角	分
												事由											
												附件				密押					编押		

备注：	发报行	复核 记账

4 　　　　**邮划贷方报单第四联**　　　　报单号码　Ⅱ　Ⅰ

<table>
<tr><td rowspan="2">发报行</td><td>行号</td><td></td><td>编制</td><td>年　月　日</td><td rowspan="2">收报行</td><td>行号</td><td></td><td>转账日期</td><td></td></tr>
<tr><td>行名</td><td colspan="3"></td><td>行名</td><td colspan="3"></td></tr>
</table>

<table>
<tr><td>收款单位
账号或名称</td><td>付款单位
账号或名称</td><td>千</td><td>百</td><td>十</td><td>万</td><td>千</td><td>百</td><td>十</td><td>元</td><td>角</td><td>分</td><td rowspan="2">合计
金额</td><td>亿</td><td>千</td><td>百</td><td>十</td><td>万</td><td>千</td><td>百</td><td>十</td><td>元</td><td>角</td><td>分</td></tr>
<tr><td></td><td></td><td></td><td></td><td></td><td></td><td></td><td></td><td></td><td></td><td></td><td></td><td></td><td></td><td></td><td></td><td></td><td></td><td></td><td></td><td></td><td></td><td></td></tr>
<tr><td></td><td></td><td></td><td></td><td></td><td></td><td></td><td></td><td></td><td></td><td></td><td></td><td rowspan="2">事
由</td><td colspan="11" rowspan="2"></td></tr>
<tr><td></td><td></td><td></td><td></td><td></td><td></td><td></td><td></td><td></td><td></td><td></td><td></td></tr>
<tr><td></td><td></td><td></td><td></td><td></td><td></td><td></td><td></td><td></td><td></td><td></td><td></td><td rowspan="2">附
件</td><td colspan="2" rowspan="2"></td><td rowspan="2">密
押</td><td colspan="3" rowspan="2"></td><td rowspan="2">编
押</td><td colspan="4" rowspan="2"></td></tr>
<tr><td></td><td></td><td></td><td></td><td></td><td></td><td></td><td></td><td></td><td></td><td></td><td></td></tr>
</table>

<table>
<tr><td>备注：</td><td>发
报
行</td><td>（发报行公章）</td><td>收
报
行</td><td>核对印鉴
复　　核
对账日期</td><td>核押
记账
对账</td></tr>
</table>

1 　　　　**邮划贷方报单第一联**　　　　报单号码　Ⅱ　Ⅰ

报单内仅填一笔业务时，只将金额填入合计金额栏，如填数笔业务时，除分填每笔金额外，应将总数填入合计金额栏。

<table>
<tr><td rowspan="2">发报行</td><td>行号</td><td></td><td>编制</td><td>年　月　日</td><td rowspan="2">收报行</td><td>行号</td><td></td><td>转账日期</td><td></td></tr>
<tr><td>行名</td><td colspan="3"></td><td>行名</td><td colspan="3"></td></tr>
</table>

<table>
<tr><td>收款单位
账号或名称</td><td>付款单位
账号或名称</td><td>千</td><td>百</td><td>十</td><td>万</td><td>千</td><td>百</td><td>十</td><td>元</td><td>角</td><td>分</td><td rowspan="2">合计
金额</td><td>亿</td><td>千</td><td>百</td><td>十</td><td>万</td><td>千</td><td>百</td><td>十</td><td>元</td><td>角</td><td>分</td></tr>
<tr><td></td><td></td><td></td><td></td><td></td><td></td><td></td><td></td><td></td><td></td><td></td><td></td><td></td><td></td><td></td><td></td><td></td><td></td><td></td><td></td><td></td><td></td><td></td></tr>
<tr><td></td><td></td><td></td><td></td><td></td><td></td><td></td><td></td><td></td><td></td><td></td><td></td><td rowspan="2">事
由</td><td colspan="11" rowspan="2"></td></tr>
<tr><td></td><td></td><td></td><td></td><td></td><td></td><td></td><td></td><td></td><td></td><td></td><td></td></tr>
<tr><td></td><td></td><td></td><td></td><td></td><td></td><td></td><td></td><td></td><td></td><td></td><td></td><td rowspan="2">附
件</td><td colspan="2" rowspan="2"></td><td rowspan="2">密
押</td><td colspan="3" rowspan="2"></td><td rowspan="2">编
押</td><td colspan="4" rowspan="2"></td></tr>
<tr><td></td><td></td><td></td><td></td><td></td><td></td><td></td><td></td><td></td><td></td><td></td><td></td></tr>
</table>

<table>
<tr><td>备注：</td><td>发
报
行</td><td>（发报行公章）</td><td>收
报
行</td><td>核对印鉴
复　　核
对账日期</td><td>核押
记账
对账</td></tr>
</table>

2

邮划贷方报单第二联

报单号码　Ⅱ Ⅰ

发报行	行号		编制	年　月　日	收报行	行号		转账日期	
	行名					行名			

收款单位 账号或名称	付款单位 账号或名称	千	百	十	万	千	百	十	元	角	分

合计金额	亿	千	百	十	万	千	百	十	元	角	分

事由					
附件		密押		编押	

备注：

3

邮划贷方报单第三联

报单号码　Ⅱ Ⅰ

发报行	行号		编制	年　月　日	收报行	行号		转账日期	
	行名					行名			

收款单位 账号或名称	付款单位 账号或名称	千	百	十	万	千	百	十	元	角	分

合计金额	亿	千	百	十	万	千	百	十	元	角	分

事由					
附件		密押		编押	

备注：	发报行	复核　核　记账

4　邮划贷方报单第四联

报单号码　Ⅱ Ⅰ

<table>
<tr><td rowspan="2">发报行</td><td>行号</td><td colspan="5"></td><td>编制</td><td colspan="4">年　月　日</td><td rowspan="2">收报行</td><td>行号</td><td colspan="4"></td><td colspan="3">转账日期</td><td colspan="8"></td></tr>
<tr><td>行名</td><td colspan="10"></td><td>行名</td><td colspan="15"></td></tr>
<tr><td colspan="3" rowspan="2">收款单位
账号或名称</td><td colspan="2" rowspan="2">付款单位
账号或名称</td><td>千</td><td>百</td><td>十</td><td>万</td><td>千</td><td>百</td><td>十</td><td>元</td><td>角</td><td>分</td><td rowspan="2">合计
金额</td><td>亿</td><td>千</td><td>百</td><td>十</td><td>万</td><td>千</td><td>百</td><td>十</td><td>元</td><td>角</td><td>分</td></tr>
<tr><td></td><td></td><td></td><td></td><td></td><td></td><td></td><td></td><td></td><td></td><td></td><td></td><td></td><td></td><td></td><td></td><td></td><td></td><td></td><td></td><td></td></tr>
<tr><td colspan="3"></td><td colspan="2"></td><td></td><td></td><td></td><td></td><td></td><td></td><td></td><td></td><td></td><td></td><td rowspan="2">事由</td><td colspan="11" rowspan="2"></td></tr>
<tr><td colspan="3"></td><td colspan="2"></td><td></td><td></td><td></td><td></td><td></td><td></td><td></td><td></td><td></td><td></td></tr>
<tr><td colspan="3"></td><td colspan="2"></td><td></td><td></td><td></td><td></td><td></td><td></td><td></td><td></td><td></td><td></td><td rowspan="2">附件</td><td colspan="2" rowspan="2"></td><td rowspan="2">密押</td><td colspan="3" rowspan="2"></td><td rowspan="2">编押</td><td colspan="4" rowspan="2"></td></tr>
<tr><td colspan="3"></td><td colspan="2"></td><td></td><td></td><td></td><td></td><td></td><td></td><td></td><td></td><td></td><td></td></tr>
<tr><td colspan="10">备注：</td><td>发报行</td><td colspan="5">（发报行公章）</td><td>收报行</td><td colspan="11">核对印鉴　　核押
复　　核　　记账
对账日期　　对账</td></tr>
</table>

1　邮划贷方报单第一联

报单号码　Ⅱ Ⅰ

报单内仅填一笔业务时，只将金额填入合计金额栏，如填数笔业务时，除分填每笔金额外，应将总数填入合计金额栏。

<table>
<tr><td rowspan="2">发报行</td><td>行号</td><td colspan="5"></td><td>编制</td><td colspan="4">年　月　日</td><td rowspan="2">收报行</td><td>行号</td><td colspan="4"></td><td colspan="3">转账日期</td><td colspan="8"></td></tr>
<tr><td>行名</td><td colspan="10"></td><td>行名</td><td colspan="15"></td></tr>
<tr><td colspan="3" rowspan="2">收款单位
账号或名称</td><td colspan="2" rowspan="2">付款单位
账号或名称</td><td>千</td><td>百</td><td>十</td><td>万</td><td>千</td><td>百</td><td>十</td><td>元</td><td>角</td><td>分</td><td rowspan="2">合计
金额</td><td>亿</td><td>千</td><td>百</td><td>十</td><td>万</td><td>千</td><td>百</td><td>十</td><td>元</td><td>角</td><td>分</td></tr>
<tr><td></td><td></td><td></td><td></td><td></td><td></td><td></td><td></td><td></td><td></td><td></td><td></td><td></td><td></td><td></td><td></td><td></td><td></td><td></td><td></td><td></td></tr>
<tr><td colspan="3"></td><td colspan="2"></td><td></td><td></td><td></td><td></td><td></td><td></td><td></td><td></td><td></td><td></td><td rowspan="2">事由</td><td colspan="11" rowspan="2"></td></tr>
<tr><td colspan="3"></td><td colspan="2"></td><td></td><td></td><td></td><td></td><td></td><td></td><td></td><td></td><td></td><td></td></tr>
<tr><td colspan="3"></td><td colspan="2"></td><td></td><td></td><td></td><td></td><td></td><td></td><td></td><td></td><td></td><td></td><td rowspan="2">附件</td><td colspan="2" rowspan="2"></td><td rowspan="2">密押</td><td colspan="3" rowspan="2"></td><td rowspan="2">编押</td><td colspan="4" rowspan="2"></td></tr>
<tr><td colspan="3"></td><td colspan="2"></td><td></td><td></td><td></td><td></td><td></td><td></td><td></td><td></td><td></td><td></td></tr>
<tr><td colspan="10">备注：</td><td>发报行</td><td colspan="5">（发报行公章）</td><td>收报行</td><td colspan="11">核对印鉴　　核押
复　　核　　记账
对账日期　　对账</td></tr>
</table>

2　邮划贷方报单第二联

报单号码　Ⅱ Ⅰ

<table>
<tr><td rowspan="2">发报行</td><td>行号</td><td></td><td>编制</td><td>年　月　日</td><td rowspan="2">收报行</td><td>行号</td><td></td><td>转账日期</td><td></td></tr>
<tr><td>行名</td><td colspan="3"></td><td>行名</td><td colspan="3"></td></tr>
</table>

<table>
<tr><td rowspan="2">收款单位
账号或名称</td><td rowspan="2">付款单位
账号或名称</td><td rowspan="2">千</td><td rowspan="2">百</td><td rowspan="2">十</td><td rowspan="2">万</td><td rowspan="2">千</td><td rowspan="2">百</td><td rowspan="2">十</td><td rowspan="2">元</td><td rowspan="2">角</td><td rowspan="2">分</td><td rowspan="2">合计
金额</td><td>亿</td><td>千</td><td>百</td><td>十</td><td>万</td><td>千</td><td>百</td><td>十</td><td>元</td><td>角</td><td>分</td></tr>
<tr><td></td><td></td><td></td><td></td><td></td><td></td><td></td><td></td><td></td><td></td><td></td></tr>
<tr><td></td><td></td><td></td><td></td><td></td><td></td><td></td><td></td><td></td><td></td><td></td><td></td><td rowspan="2">事由</td><td colspan="11" rowspan="2"></td></tr>
<tr><td></td><td></td><td></td><td></td><td></td><td></td><td></td><td></td><td></td><td></td><td></td><td></td></tr>
<tr><td></td><td></td><td></td><td></td><td></td><td></td><td></td><td></td><td></td><td></td><td></td><td></td><td rowspan="2">附件</td><td colspan="3" rowspan="2"></td><td rowspan="2">密押</td><td colspan="3" rowspan="2"></td><td rowspan="2">编押</td><td colspan="2" rowspan="2"></td></tr>
<tr><td></td><td></td><td></td><td></td><td></td><td></td><td></td><td></td><td></td><td></td><td></td><td></td></tr>
<tr><td colspan="24">备注：</td></tr>
</table>

3　邮划贷方报单第三联

报单号码　Ⅱ Ⅰ

<table>
<tr><td rowspan="2">发报行</td><td>行号</td><td></td><td>编制</td><td>年　月　日</td><td rowspan="2">收报行</td><td>行号</td><td></td><td>转账日期</td><td></td></tr>
<tr><td>行名</td><td colspan="3"></td><td>行名</td><td colspan="3"></td></tr>
</table>

<table>
<tr><td rowspan="2">收款单位
账号或名称</td><td rowspan="2">付款单位
账号或名称</td><td rowspan="2">千</td><td rowspan="2">百</td><td rowspan="2">十</td><td rowspan="2">万</td><td rowspan="2">千</td><td rowspan="2">百</td><td rowspan="2">十</td><td rowspan="2">元</td><td rowspan="2">角</td><td rowspan="2">分</td><td rowspan="2">合计
金额</td><td>亿</td><td>千</td><td>百</td><td>十</td><td>万</td><td>千</td><td>百</td><td>十</td><td>元</td><td>角</td><td>分</td></tr>
<tr><td></td><td></td><td></td><td></td><td></td><td></td><td></td><td></td><td></td><td></td><td></td></tr>
<tr><td></td><td></td><td></td><td></td><td></td><td></td><td></td><td></td><td></td><td></td><td></td><td></td><td rowspan="2">事由</td><td colspan="11" rowspan="2"></td></tr>
<tr><td></td><td></td><td></td><td></td><td></td><td></td><td></td><td></td><td></td><td></td><td></td><td></td></tr>
<tr><td></td><td></td><td></td><td></td><td></td><td></td><td></td><td></td><td></td><td></td><td></td><td></td><td rowspan="2">附件</td><td colspan="3" rowspan="2"></td><td rowspan="2">密押</td><td colspan="3" rowspan="2"></td><td rowspan="2">编押</td><td colspan="2" rowspan="2"></td></tr>
<tr><td></td><td></td><td></td><td></td><td></td><td></td><td></td><td></td><td></td><td></td><td></td><td></td></tr>
<tr><td colspan="12">备注：</td><td>发报行</td><td colspan="11">复　　核　　记账</td></tr>
</table>

4

邮划贷方报单第四联

报单号码 Ⅱ Ⅰ

发报行	行号		编制	年 月 日	收报行	行号		转账日期	
	行名					行名			

收款单位账号或名称	付款单位账号或名称	千	百	十	万	千	百	十	元	角	分	合计金额	亿	千	百	十	万	千	百	十	元	角	分
												事由											
												附件		密押				编押					

备注：	发报行	（发报行公章）	收报行	核对印鉴	核押
				复 核	记账
				对账日期	对账

1

邮划贷方报单第一联

报单号码 Ⅱ Ⅰ

报单内仅填一笔业务时，只将金额填入合计金额栏，如填数笔业务时，除分填每笔金额外，应将总数填入合计金额栏。

发报行	行号		编制	年 月 日	收报行	行号		转账日期	
	行名					行名			

收款单位账号或名称	付款单位账号或名称	千	百	十	万	千	百	十	元	角	分	合计金额	亿	千	百	十	万	千	百	十	元	角	分
												事由											
												附件		密押				编押					

备注：	发报行	（发报行公章）	收报行	核对印鉴	核押
				复 核	记账
				对账日期	对账

2

邮划贷方报单第二联

报单号码　Ⅱ Ⅰ

<table>
<tr><td rowspan="2">发报行</td><td>行号</td><td></td><td>编制</td><td>年　月　日</td><td rowspan="2">收报行</td><td>行号</td><td></td><td>转账日期</td><td></td></tr>
<tr><td>行名</td><td colspan="3"></td><td>行名</td><td colspan="3"></td></tr>
</table>

<table>
<tr><td>收款单位
账号或名称</td><td>付款单位
账号或名称</td><td>千</td><td>百</td><td>十</td><td>万</td><td>千</td><td>百</td><td>十</td><td>元</td><td>角</td><td>分</td><td rowspan="2">合计
金额</td><td>亿</td><td>千</td><td>百</td><td>十</td><td>万</td><td>千</td><td>百</td><td>十</td><td>元</td><td>角</td><td>分</td></tr>
<tr><td></td><td></td><td></td><td></td><td></td><td></td><td></td><td></td><td></td><td></td><td></td><td></td><td></td><td></td><td></td><td></td><td></td><td></td><td></td><td></td><td></td><td></td><td></td></tr>
<tr><td></td><td></td><td></td><td></td><td></td><td></td><td></td><td></td><td></td><td></td><td></td><td></td><td rowspan="2">事由</td><td colspan="11" rowspan="2"></td></tr>
<tr><td></td><td></td><td></td><td></td><td></td><td></td><td></td><td></td><td></td><td></td><td></td><td></td></tr>
<tr><td></td><td></td><td></td><td></td><td></td><td></td><td></td><td></td><td></td><td></td><td></td><td></td><td rowspan="2">附件</td><td colspan="3" rowspan="2"></td><td colspan="2" rowspan="2">密押</td><td colspan="3" rowspan="2"></td><td rowspan="2">编押</td><td colspan="2" rowspan="2"></td></tr>
<tr><td></td><td></td><td></td><td></td><td></td><td></td><td></td><td></td><td></td><td></td><td></td><td></td></tr>
<tr><td colspan="24">备注：</td></tr>
</table>

3

邮划贷方报单第三联

报单号码　Ⅱ Ⅰ

<table>
<tr><td rowspan="2">发报行</td><td>行号</td><td></td><td>编制</td><td>年　月　日</td><td rowspan="2">收报行</td><td>行号</td><td></td><td>转账日期</td><td></td></tr>
<tr><td>行名</td><td colspan="3"></td><td>行名</td><td colspan="3"></td></tr>
</table>

<table>
<tr><td>收款单位
账号或名称</td><td>付款单位
账号或名称</td><td>千</td><td>百</td><td>十</td><td>万</td><td>千</td><td>百</td><td>十</td><td>元</td><td>角</td><td>分</td><td rowspan="2">合计
金额</td><td>亿</td><td>千</td><td>百</td><td>十</td><td>万</td><td>千</td><td>百</td><td>十</td><td>元</td><td>角</td><td>分</td></tr>
<tr><td></td><td></td><td></td><td></td><td></td><td></td><td></td><td></td><td></td><td></td><td></td><td></td><td></td><td></td><td></td><td></td><td></td><td></td><td></td><td></td><td></td><td></td><td></td></tr>
<tr><td></td><td></td><td></td><td></td><td></td><td></td><td></td><td></td><td></td><td></td><td></td><td></td><td rowspan="2">事由</td><td colspan="11" rowspan="2"></td></tr>
<tr><td></td><td></td><td></td><td></td><td></td><td></td><td></td><td></td><td></td><td></td><td></td><td></td></tr>
<tr><td></td><td></td><td></td><td></td><td></td><td></td><td></td><td></td><td></td><td></td><td></td><td></td><td rowspan="2">附件</td><td colspan="3" rowspan="2"></td><td colspan="2" rowspan="2">密押</td><td colspan="3" rowspan="2"></td><td rowspan="2">编押</td><td colspan="2" rowspan="2"></td></tr>
<tr><td></td><td></td><td></td><td></td><td></td><td></td><td></td><td></td><td></td><td></td><td></td><td></td></tr>
<tr><td colspan="13">备注：</td><td colspan="2">发报行</td><td colspan="9">复　核　记账</td></tr>
</table>

4 　　**邮划贷方报单第四联** 　　报单号码 Ⅱ Ⅰ

发报行	行号		编制	年　月　日	收报行	行号		转账日期	
	行名					行名			

收款单位账号或名称	付款单位账号或名称	千	百	十	万	千	百	十	元	角	分

合计金额	亿	千	百	十	万	千	百	十	元	角	分

事由					
附件		密押		编押	

备注：	发报行	（发报行公章）	收报行	核对印鉴　　核押 复　　核　　记账 对账日期　　对账

3 　　**银行电划贷方报单第三联** 　　报单号码 Ⅳ Ⅸ

发报行	行号		发报　年　月　日	收报行	行号		地址	
	行名				行名			

账号或住址……………………

收款单位名称……………………

付款单位名称……………………

事　　由……………………

亿	千	百	十	万	千	百	十	元	角	分

密押　　编押

备注：	发报行	译电 复核　　记账

4

银行电划贷方报单第四联

报单号码 Ⅳ Ⅸ

发报行	行号		发报 年 月 日	收报行	行号		地址	
	行名				行名			

账号或住址
收款单位名称
付款单位名称
事由

亿	千	百	十	万	千	百	十	元	角	分

密押 编押

备注：	发报行	译电 复核 记账

3

银行电划贷方报单第三联

报单号码 Ⅳ Ⅸ

发报行	行号		发报 年 月 日	收报行	行号		地址	
	行名				行名			

账号或住址
收款单位名称
付款单位名称
事由

亿	千	百	十	万	千	百	十	元	角	分

密押 编押

备注：	发报行	译电 复核 记账

4

银行电划贷方报单第四联

报单号码 Ⅳ Ⅸ

发报行	行号		发报 年 月 日	收报行	行号		地址	
	行名				行名			

账号或住址……………………

收款单位名称……………………

付款单位名称……………………

事　　由……………………

亿	千	百	十	万	千	百	十	元	角	分

密押　　编押

备注：	发报行	译电 复核　　记账

实训七　模拟银行贷款业务的核算

（一）实训资料

江城 A 支行 6 月 20 日发生下列贷款发放与收回业务。

(1) 向红旗机床制造厂发放流动资金贷款 20 万元，期限两个月，利率 5.1%。

(2) 经研究决定，对市公汽三公司申请的 30 万元固定资金贷款按 25 万元予以发放，期限四个月，利率 5.33%。

(3) 为赵华家电维修店提供房产抵押贷款 2 万元，期限一个月，利率 4.98%。

(4) 向中南石油工业公司发放设备贷款 100 万元，期限半年，利率 5.67%。

(5) 江南钢铁公司提交借款偿还凭证，从存款中支款归还今日到期的信用贷款本息，其中本金 50 万元，约定期限五个月，利率 5.79%。

(6) 按日前约定，本行代中心百货商城填写借款偿还凭证，3000 万元，从其活期存款账户中收回担保贷款本息：该贷款本年 3 月 20 日发放，期限三个月，利率 5.21%。

(7) 佳美装饰公司来行归还抵押贷款，40 万元，经查，该笔贷款于本年 3 月 28 日发放，期限两个月，利率 5.1%，逾期按 5‱计息。

(8) 市建筑工程一公司持商业承兑汇票来行申请贴现，经审核同意办理，该汇票面额 60 万元，付款期三个月，到期日为本年 7 月 2 日，承兑人为百乐园商业会展中心（异地乙联行开户，账号乙—304—102），贴现率 4.56%。

(9) 为省外贸服装加工厂贴现银行承兑汇票一份，金额 32 万元，付款期六个月，到期日为本年 8 月 10 日，承兑人异地丁联行，承兑申请人为侨通外贸进出口公司（异地丁联行开户，账号丁—304—41），贴现率 4.56%。

(10) 大桥食品加工厂申请贴现付款期为三个月的银行承兑汇票 75 万元，该汇票于 7 月 16 日到期，承兑人异地甲联行，承兑申请人为维嘉糖果副食批发代理商（异地甲联行开户，账号甲—310—25），经审核同意按贴现率 4.56%予以办理。

（二）实训要求

1. 根据以上各笔经济业务分别填制相关银行会计凭证。

(1) 贷款发放业务应编制借款借据（4 份）。

(2) 贷款收回业务应编制借款偿还凭证（1 份）。

(3) 商业承兑汇票贴现业务应编制商业承兑汇票（1 份）及贴现凭证（1 份）。

(4) 银行承兑汇票贴现业务应编制银行承兑汇票（2 份）及贴现凭证（2 份）。

2. 根据填制完整并经审核无误的银行会计凭证登记江城 A 支行相关分户账。

(1) 借款借据。根据借款借据，第一联登记借款人借款账户的借方，第二联登记借款人存款账户的贷方；记账后加盖转讫章，连同第三联一并留存。

(2) 借款偿还凭证。根据借款偿还凭证，第一联登记借款人存款账户的借方，金额为本利和，第二联登记借款人借款账户的贷方，金额为借款本金，第三联（利息收入传票）登记“利息收入”科目——××利息收入户（新开总账和明细账）。

(3) 贴现凭证。根据贴现凭证，第一联登记“贴现”科目的借方，金额为票面金额，第二联登记借款人存款账户的贷方，金额为实付贴现金额，第三联登记“利息收入”科目——贴现利息收入户，金额为贴现利息。

借款借据第一联（申请书银行代借方传票）

年　　月　　日　　　　　　　　传票编号______

<table>
<tr><td>借款单位名称</td><td colspan="2"></td><td>行业</td><td></td><td>放款户账号</td><td colspan="10"></td></tr>
<tr><td rowspan="2">借款金额</td><td colspan="5" rowspan="2">人民币（大写）</td><td>千</td><td>百</td><td>十</td><td>万</td><td>千</td><td>百</td><td>十</td><td>元</td><td>角</td><td>分</td></tr>
<tr><td></td><td></td><td></td><td></td><td></td><td></td><td></td><td></td><td></td><td></td></tr>
<tr><td>银行核定金额</td><td colspan="5">人民币（大写）</td><td></td><td></td><td></td><td></td><td></td><td></td><td></td><td></td><td></td><td></td></tr>
<tr><td rowspan="2">用途</td><td rowspan="2"></td><td>单位申请期限</td><td colspan="3">自　　年　月　日起至当年　月　日止</td><td colspan="2" rowspan="2">利率</td><td colspan="8" rowspan="2"></td></tr>
<tr><td>银行核定期限</td><td colspan="3">自　　年　月　日起至当年　月　日止</td></tr>
<tr><td colspan="6">兹根据你行放款办法申请办理短期借款，
请予审核借给转入。　　此致
借款单位签章</td><td colspan="10">备注</td></tr>
<tr><td colspan="4">银行信贷部门或主管负责人意见：</td><td colspan="12">会 计 分 录
借：__________
对方科目：贷__________
复核　　日记账　　记账　　出纳
年　　月　　日</td></tr>
</table>

借款借据第二联（申请书银行代贷方传票）

年　　月　　日　　　　　　　　传票编号______

<table>
<tr><td>借款单位名称</td><td colspan="2"></td><td>行业</td><td></td><td>放款户账号</td><td colspan="10"></td></tr>
<tr><td rowspan="2">借款金额</td><td colspan="5" rowspan="2">人民币（大写）</td><td>千</td><td>百</td><td>十</td><td>万</td><td>千</td><td>百</td><td>十</td><td>元</td><td>角</td><td>分</td></tr>
<tr><td></td><td></td><td></td><td></td><td></td><td></td><td></td><td></td><td></td><td></td></tr>
<tr><td>银行核定金额</td><td colspan="5">人民币（大写）</td><td></td><td></td><td></td><td></td><td></td><td></td><td></td><td></td><td></td><td></td></tr>
<tr><td rowspan="2">用途</td><td rowspan="2"></td><td>单位申请期限</td><td colspan="3">自　　年　月　日起至当年　月　日止</td><td colspan="2" rowspan="2">利率</td><td colspan="8" rowspan="2"></td></tr>
<tr><td>银行核定期限</td><td colspan="3">自　　年　月　日起至当年　月　日止</td></tr>
<tr><td colspan="6">兹根据你行放款办法申请办理短期借款，
请予审核借给转入。　　此致
借款单位签章</td><td colspan="10">备注</td></tr>
<tr><td colspan="4">银行信贷部门或主管负责人意见：</td><td colspan="12">会 计 分 录
贷：__________
对方科目：借__________
复核　　日记账　　记账　　出纳
年　　月　　日</td></tr>
</table>

借款借据第三联（借　　据）

年　　月　　日　　　　传票编号 ______

借款单位名称		行业		放款户账号	

		千	百	十	万	千	百	十	元	角	分
借款金额	人民币（大写）										
银行核定金额	人民币（大写）										

用途		单位申请期限	自　　年　月　日起至当年　月　日止	利率	
		银行核定期限	自　　年　月　日起至当年　月　日止		

兹根据你行放款办法申请办理短期借款，请予审核借给转入。此致 借款单位签章	备注

分期偿还计划	日期			偿还金额									未还金额									复核盖章
	年	月	日	百	十	万	千	百	十	元	角	分	百	十	万	千	百	十	元	角	分	

分次偿还计划	日期			金额								
	年	月	日	百	十	万	千	百	十	元	角	分

借款借据第一联（申请书银行代借方传票）

年　　月　　日　　　　传票编号 ______

借款单位名称		行业		放款户账号	

		千	百	十	万	千	百	十	元	角	分
借款金额	人民币（大写）										
银行核定金额	人民币（大写）										

用途		单位申请期限	自　　年　月　日起至当年　月　日止	利率	
		银行核定期限	自　　年　月　日起至当年　月　日止		

兹根据你行放款办法申请办理短期借款，请予审核借给转入。此致 借款单位签章	备注
银行信贷部门或主管负责人意见：	会 计 分 录 借：__________ 对方科目：贷 __________ 复核　　日记账　　记账　　出纳 年　　月　　日

借款借据第二联(申请书银行代贷方传票)

年 月 日　　　　传票编号 ______

借款单位名称		行业		放款户账号												
借款金额	人民币(大写)				千	百	十	万	千	百	十	元	角	分		
银行核定金额	人民币(大写)															
用途		单位申请期限	自 年 月 日起至当年 月 日止		利率											
		银行核定期限	自 年 月 日起至当年 月 日止													

兹根据你行放款办法申请办理短期借款，请予审核借给转入。　此致　借款单位签章	备注
银行信贷部门或主管负责人意见：	会计分录 贷：______ 对方科目：借 ______ 复核　日记账　记账　出纳 年　月　日

借款借据第三联(借　据)

年 月 日　　　　传票编号 ______

借款单位名称		行业		放款户账号											
借款金额	人民币(大写)				千	百	十	万	千	百	十	元	角	分	
银行核定金额	人民币(大写)														
用途		单位申请期限	自 年 月 日起至当年 月 日止		利率										
		银行核定期限	自 年 月 日起至当年 月 日止												

兹根据你行放款办法申请办理短期借款，请予审核借给转入。　此致　借款单位签章	备注

分期偿还计划	日期			偿还金额									未还金额									复核盖章
	年	月	日	百	十	万	千	百	十	元	角	分	百	十	万	千	百	十	元	角	分	

分次偿还计划	日期			金额								
	年	月	日	百	十	万	千	百	十	元	角	分

借款借据第一联(申请书银行代借方传票)

年　　月　　日　　　　　　传票编号______

<table>
<tr><td>借款单位名称</td><td colspan="3"></td><td>行业</td><td></td><td>放款户账号</td><td colspan="10"></td></tr>
<tr><td rowspan="2">借款金额</td><td colspan="6" rowspan="2">人民币(大写)</td><td>千</td><td>百</td><td>十</td><td>万</td><td>千</td><td>百</td><td>十</td><td>元</td><td>角</td><td>分</td></tr>
<tr><td></td><td></td><td></td><td></td><td></td><td></td><td></td><td></td><td></td><td></td></tr>
<tr><td>银行核定金额</td><td colspan="6">人民币(大写)</td><td></td><td></td><td></td><td></td><td></td><td></td><td></td><td></td><td></td><td></td></tr>
<tr><td rowspan="2">用途</td><td rowspan="2"></td><td>单位申请期限</td><td colspan="8">自　　年　月　日起至当年　月　日止</td><td colspan="2" rowspan="2">利率</td><td colspan="4" rowspan="2"></td></tr>
<tr><td>银行核定期限</td><td colspan="8">自　　年　月　日起至当年　月　日止</td></tr>
<tr><td colspan="9">兹根据你行放款办法申请办理短期借款，
请予审核借给转入。　　此致
借款单位签章</td><td colspan="8">备注</td></tr>
<tr><td colspan="4">银行信贷部门或主管负责人意见：</td><td colspan="13">会计分录
借：______________
对方科目：贷______________
复核　　日记账　　记账　　出纳
年　　月　　日</td></tr>
</table>

借款借据第二联(申请书银行代贷方传票)

年　　月　　日　　　　　　传票编号______

<table>
<tr><td>借款单位名称</td><td colspan="3"></td><td>行业</td><td></td><td>放款户账号</td><td colspan="10"></td></tr>
<tr><td rowspan="2">借款金额</td><td colspan="6" rowspan="2">人民币(大写)</td><td>千</td><td>百</td><td>十</td><td>万</td><td>千</td><td>百</td><td>十</td><td>元</td><td>角</td><td>分</td></tr>
<tr><td></td><td></td><td></td><td></td><td></td><td></td><td></td><td></td><td></td><td></td></tr>
<tr><td>银行核定金额</td><td colspan="6">人民币(大写)</td><td></td><td></td><td></td><td></td><td></td><td></td><td></td><td></td><td></td><td></td></tr>
<tr><td rowspan="2">用途</td><td rowspan="2"></td><td>单位申请期限</td><td colspan="8">自　　年　月　日起至当年　月　日止</td><td colspan="2" rowspan="2">利率</td><td colspan="4" rowspan="2"></td></tr>
<tr><td>银行核定期限</td><td colspan="8">自　　年　月　日起至当年　月　日止</td></tr>
<tr><td colspan="9">兹根据你行放款办法申请办理短期借款，
请予审核借给转入。　　此致
借款单位签章</td><td colspan="8">备注</td></tr>
<tr><td colspan="4">银行信贷部门或主管负责人意见：</td><td colspan="13">会计分录
贷：______________
对方科目：借______________
复核　　日记账　　记账　　出纳
年　　月　　日</td></tr>
</table>

借款借据第三联(借　　据)

年　　月　　日　　　　　　　　传票编号______

借款单位名称		行业		放款户账号										
借　款金　额	人民币(大写)				千	百	十	万	千	百	十	元	角	分
银行核定金额	人民币(大写)													

用途		单位申请期限	自　　年　月　日起至当年　月　日止	利率	
		银行核定期限	自　　年　月　日起至当年　月　日止		

兹根据你行放款办法申请办理短期借款，请予审核借给转入。　　此致　　借款单位签章	备注

分期偿还计划	日期			偿还金额									未还金额									复核盖章
	年	月	日	百	十	万	千	百	十	元	角	分	百	十	万	千	百	十	元	角	分	

分次偿还计划	日期			金额									
	年	月	日	百	十	万	千	百	十	元	角	分	

借款借据第一联(申请书银行代借方传票)

年　　月　　日　　　　　　　　传票编号______

借款单位名称		行业		放款户账号										
借　款金　额	人民币(大写)				千	百	十	万	千	百	十	元	角	分
银行核定金额	人民币(大写)													

用途		单位申请期限	自　　年　月　日起至当年　月　日止	利率	
		银行核定期限	自　　年　月　日起至当年　月　日止		

兹根据你行放款办法申请办理短期借款，请予审核借给转入。　　此致　　借款单位签章	备注
银行信贷部门或主管负责人意见：	会计分录 借：__________ 对方科目：贷__________ 复核　　日记账　　记账　　出纳 年　　月　　日

借款借据第二联(申请书银行代贷方传票)

年　　月　　日　　　　　　　　传票编号 ______

借款单位名称		行业		放款户账号	

		千	百	十	万	千	百	十	元	角	分
借款金额	人民币(大写)										
银行核定金额	人民币(大写)										

用途		单位申请期限	自　年　月　日起至当年　月　日止	利率	
		银行核定期限	自　年　月　日起至当年　月　日止		

兹根据你行放款办法申请办理短期借款，请予审核借给转入。此致 借款单位签章	备注
银行信贷部门或主管负责人意见：	会计分录 贷：__________ 对方科目：借 __________ 复核　日记账　记账　出纳 年　月　日

借款借据第三联(借　据)

年　　月　　日　　　　　　　　传票编号 ______

借款单位名称		行业		放款户账号	

		千	百	十	万	千	百	十	元	角	分
借款金额	人民币(大写)										
银行核定金额	人民币(大写)										

用途		单位申请期限	自　年　月　日起至当年　月　日止	利率	
		银行核定期限	自　年　月　日起至当年　月　日止		

兹根据你行放款办法申请办理短期借款，请予审核借给转入。此致 借款单位签章	备注

分期偿还计划	日期			偿还金额									未还金额									复核盖章
	年	月	日	百	十	万	千	百	十	元	角	分	百	十	万	千	百	十	元	角	分	

分次偿还计划	日期			金额								
	年	月	日	百	十	万	千	百	十	元	角	分

银行借款偿还凭证(借方凭证)

传票编号

(借)科目________　　年　月　日　　对方科目______

<table>
<tr><td rowspan="2">放款账号</td><td rowspan="2"></td><td rowspan="2">户　名</td><td colspan="10">还 款 金 额</td><td colspan="8">利　　息</td><td colspan="10">合　　计</td></tr>
<tr><td>千</td><td>百</td><td>十</td><td>万</td><td>千</td><td>百</td><td>十</td><td>元</td><td>角</td><td>分</td><td>十</td><td>万</td><td>千</td><td>百</td><td>十</td><td>元</td><td>角</td><td>分</td><td>千</td><td>百</td><td>十</td><td>万</td><td>千</td><td>百</td><td>十</td><td>元</td><td>角</td><td>分</td></tr>
<tr><td>往来账号</td><td></td><td></td><td></td><td></td><td></td><td></td><td></td><td></td><td></td><td></td><td></td><td></td><td></td><td></td><td></td><td></td><td></td><td></td><td></td><td></td><td></td><td></td><td></td><td></td><td></td><td></td><td></td><td></td><td></td><td></td></tr>
<tr><td colspan="2">自 年 月 日 起
至 止</td><td>时期　月　天</td><td colspan="28">金额人民币(大写)</td></tr>
<tr><td>利率</td><td>月息　%</td><td>金额</td><td></td><td colspan="10" rowspan="2">上列款项从本单位往来账户内支出偿还借款与利息。
(单位签章)</td><td colspan="18" rowspan="2">复核　　记账
转账日期</td></tr>
<tr><td>加息</td><td>%</td><td>金额</td><td></td></tr>
</table>

第一联

银行借款偿还凭证(贷方凭证)

传票编号

(贷)科目________　　年　月　日　　对方科目______

<table>
<tr><td rowspan="2">放款账号</td><td rowspan="2"></td><td rowspan="2">户　名</td><td colspan="10">还 款 金 额</td><td colspan="8">利　　息</td><td colspan="10">合　　计</td></tr>
<tr><td>千</td><td>百</td><td>十</td><td>万</td><td>千</td><td>百</td><td>十</td><td>元</td><td>角</td><td>分</td><td>十</td><td>万</td><td>千</td><td>百</td><td>十</td><td>元</td><td>角</td><td>分</td><td>千</td><td>百</td><td>十</td><td>万</td><td>千</td><td>百</td><td>十</td><td>元</td><td>角</td><td>分</td></tr>
<tr><td>往来账号</td><td></td><td></td><td></td><td></td><td></td><td></td><td></td><td></td><td></td><td></td><td></td><td></td><td></td><td></td><td></td><td></td><td></td><td></td><td></td><td></td><td></td><td></td><td></td><td></td><td></td><td></td><td></td><td></td><td></td><td></td></tr>
<tr><td colspan="2">自 年 月 日 起
至 止</td><td>时期　月　天</td><td colspan="28">金额人民币(大写)</td></tr>
<tr><td>利率</td><td>月息　%</td><td>金额</td><td></td><td colspan="10" rowspan="2">上列款项从本单位往来账户内支出偿还借款与利息。
(单位签章)</td><td colspan="18" rowspan="2">复核　　记账
转账日期</td></tr>
<tr><td>加息</td><td>%</td><td>金额</td><td></td></tr>
</table>

第二联

银行利息收入凭证

传票编号

(贷)科目＿＿＿＿　　年　月　日　　对方科目＿＿＿

放款账号		户　名	还款金额										利　息								合　计									
			千	百	十	万	千	百	十	元	角	分	十	万	千	百	十	元	角	分	千	百	十	万	千	百	十	元	角	分
往来账号																														
自　起 年　月　日 至　止		时期 月 天	金额人民币(大写)																											
利率 月息 %	金额		备注：										复核　记账 转账日期																	
加息 %	金额																													

第三联

商业承兑汇票　2

$\frac{A}{0}\frac{A}{1}$00000000

出票日期　　年　月　日

(大写)

付款人	全　称		收款人	全　称	
	账　号			账　号	
	开户行			开户行	

出票金额	人民币 (大写)	亿	千	百	十	万	千	百	十	元	角	分

汇票到期日 (大写)		付款人开户行	行　号	
交易合同号码			地　址	

本汇票已承兑，到期无条件付票款。 承兑人签章 承兑日期　年　月　日	本汇票予以承兑，于到期日付款。 出票人签章

银行借款偿还凭证（借方凭证）

传票编号

（借）科目＿＿＿＿＿＿　　年　月　日　　对方科目＿＿＿＿

<table>
<tr><td rowspan="2">放款账号</td><td rowspan="2"></td><td rowspan="2">户　名</td><td colspan="10">还款金额</td><td colspan="8">利　息</td><td colspan="10">合　计</td></tr>
<tr><td>千</td><td>百</td><td>十</td><td>万</td><td>千</td><td>百</td><td>十</td><td>元</td><td>角</td><td>分</td><td>十</td><td>万</td><td>千</td><td>百</td><td>十</td><td>元</td><td>角</td><td>分</td><td>千</td><td>百</td><td>十</td><td>万</td><td>千</td><td>百</td><td>十</td><td>元</td><td>角</td><td>分</td></tr>
<tr><td>往来账号</td><td></td><td></td><td></td><td></td><td></td><td></td><td></td><td></td><td></td><td></td><td></td><td></td><td></td><td></td><td></td><td></td><td></td><td></td><td></td><td></td><td></td><td></td><td></td><td></td><td></td><td></td><td></td><td></td><td></td><td></td></tr>
<tr><td colspan="2">自 年 月 日 至 起 止</td><td>时期 月 天</td><td colspan="28">金额人民币（大写）</td></tr>
<tr><td>利率 月息 %</td><td>金额</td><td></td><td colspan="10" rowspan="2">上列款项从本单位往来账户内支出偿还借款与利息。
（单位签章）</td><td colspan="18" rowspan="2">复核　　记账
转账日期</td></tr>
<tr><td>加息 %</td><td>金额</td><td></td></tr>
</table>

第一联

银行借款偿还凭证（贷方凭证）

传票编号

（贷）科目＿＿＿＿＿＿　　年　月　日　　对方科目＿＿＿＿

<table>
<tr><td rowspan="2">放款账号</td><td rowspan="2"></td><td rowspan="2">户　名</td><td colspan="10">还款金额</td><td colspan="8">利　息</td><td colspan="10">合　计</td></tr>
<tr><td>千</td><td>百</td><td>十</td><td>万</td><td>千</td><td>百</td><td>十</td><td>元</td><td>角</td><td>分</td><td>十</td><td>万</td><td>千</td><td>百</td><td>十</td><td>元</td><td>角</td><td>分</td><td>千</td><td>百</td><td>十</td><td>万</td><td>千</td><td>百</td><td>十</td><td>元</td><td>角</td><td>分</td></tr>
<tr><td>往来账号</td><td></td><td></td><td></td><td></td><td></td><td></td><td></td><td></td><td></td><td></td><td></td><td></td><td></td><td></td><td></td><td></td><td></td><td></td><td></td><td></td><td></td><td></td><td></td><td></td><td></td><td></td><td></td><td></td><td></td><td></td></tr>
<tr><td colspan="2">自 年 月 日 至 起 止</td><td>时期 月 天</td><td colspan="28">金额人民币（大写）</td></tr>
<tr><td>利率 月息 %</td><td>金额</td><td></td><td colspan="10" rowspan="2">上列款项从本单位往来账户内支出偿还借款与利息。
（单位签章）</td><td colspan="18" rowspan="2">复核　　记账
转账日期</td></tr>
<tr><td>加息 %</td><td>金额</td><td></td></tr>
</table>

第二联

银行利息收入凭证

传票编号

(贷)科目＿＿＿＿＿＿　　年　　月　　日　　对方科目＿＿＿＿

<table>
<tr><td colspan="2" rowspan="2">放款账号</td><td colspan="2" rowspan="2"></td><td colspan="2" rowspan="2">户　名</td><td colspan="10">还款金额</td><td colspan="8">利　息</td><td colspan="10">合　计</td></tr>
<tr><td>千</td><td>百</td><td>十</td><td>万</td><td>千</td><td>百</td><td>十</td><td>元</td><td>角</td><td>分</td><td>十</td><td>万</td><td>千</td><td>百</td><td>十</td><td>元</td><td>角</td><td>分</td><td>千</td><td>百</td><td>十</td><td>万</td><td>千</td><td>百</td><td>十</td><td>元</td><td>角</td><td>分</td></tr>
<tr><td colspan="2">往来账号</td><td colspan="2"></td><td colspan="2"></td><td></td><td></td><td></td><td></td><td></td><td></td><td></td><td></td><td></td><td></td><td></td><td></td><td></td><td></td><td></td><td></td><td></td><td></td><td></td><td></td><td></td><td></td><td></td><td></td><td></td><td></td><td></td><td></td></tr>
<tr><td colspan="4">自　　起
年　月　日
至　　止</td><td>时期</td><td>月
天</td><td colspan="28">金额人民币(大写)</td></tr>
<tr><td>利率</td><td colspan="2">月息　%</td><td>金额</td><td colspan="2"></td><td colspan="10" rowspan="2">备注：</td><td colspan="18" rowspan="2">复核　　记账
转账日期</td></tr>
<tr><td>加息</td><td colspan="2">%</td><td>金额</td><td colspan="2"></td></tr>
</table>

第三联

银行借款偿还凭证(借方凭证)

传票编号

(借)科目＿＿＿＿＿＿　　年　　月　　日　　对方科目＿＿＿＿

<table>
<tr><td colspan="2" rowspan="2">放款账号</td><td colspan="2" rowspan="2"></td><td colspan="2" rowspan="2">户　名</td><td colspan="10">还款金额</td><td colspan="8">利　息</td><td colspan="10">合　计</td></tr>
<tr><td>千</td><td>百</td><td>十</td><td>万</td><td>千</td><td>百</td><td>十</td><td>元</td><td>角</td><td>分</td><td>十</td><td>万</td><td>千</td><td>百</td><td>十</td><td>元</td><td>角</td><td>分</td><td>千</td><td>百</td><td>十</td><td>万</td><td>千</td><td>百</td><td>十</td><td>元</td><td>角</td><td>分</td></tr>
<tr><td colspan="2">往来账号</td><td colspan="2"></td><td colspan="2"></td><td></td><td></td><td></td><td></td><td></td><td></td><td></td><td></td><td></td><td></td><td></td><td></td><td></td><td></td><td></td><td></td><td></td><td></td><td></td><td></td><td></td><td></td><td></td><td></td><td></td><td></td><td></td><td></td></tr>
<tr><td colspan="4">自　　起
年　月　日
至　　止</td><td>时期</td><td>月
天</td><td colspan="28">金额人民币(大写)</td></tr>
<tr><td>利率</td><td colspan="2">月息　%</td><td>金额</td><td colspan="2"></td><td colspan="10" rowspan="2">上列款项从本单位往来账户内支出偿还借款与利息。
(单位签章)</td><td colspan="18" rowspan="2">复核　　记账
转账日期</td></tr>
<tr><td>加息</td><td colspan="2">%</td><td>金额</td><td colspan="2"></td></tr>
</table>

第一联

银行借款偿还凭证(贷方凭证)

传票编号

(贷)科目__________　　　　年　　月　　日　　　　对方科目______

放款账号		户名	还款金额	利息	合计
			千百十万千百十元角分	十万千百十元角分	千百十万千百十元角分
往来账号					
自 年 月 日起 至 年 月 日止		时期 月 天	金额人民币(大写)		
利率	月息 %	金额	上列款项从本单位往来账户内支出偿还借款与利息。(单位签章)	复核　记账 转账日期	
加息	%	金额			

第二联

银行利息收入凭证

传票编号

(贷)科目__________　　　　年　　月　　日　　　　对方科目______

放款账号		户名	还款金额	利息	合计
			千百十万千百十元角分	十万千百十元角分	千百十万千百十元角分
往来账号					
自 年 月 日起 至 年 月 日止		时期 月 天	金额人民币(大写)		
利率	月息 %	金额	备注:	复核　记账 转账日期	
加息	%	金额			

第三联

银行承兑汇票　　2

C0 A1 00000000

出票日期（大写）　　年　　月　　日

<table>
<tr><td>出票人全称</td><td></td><td rowspan="3">收款人</td><td>全　称</td><td colspan="11"></td></tr>
<tr><td>出票人账号</td><td></td><td>账　号</td><td colspan="11"></td></tr>
<tr><td>付款行全称</td><td></td><td>开户行</td><td colspan="11"></td></tr>
<tr><td rowspan="2">出票金额</td><td colspan="3" rowspan="2">人民币
（大写）</td><td>亿</td><td>千</td><td>百</td><td>十</td><td>万</td><td>千</td><td>百</td><td>十</td><td>元</td><td>角</td><td>分</td></tr>
<tr><td></td><td></td><td></td><td></td><td></td><td></td><td></td><td></td><td></td><td></td><td></td></tr>
<tr><td>汇票到期日
（大写）</td><td></td><td rowspan="2">付款行</td><td>行　号</td><td colspan="11"></td></tr>
<tr><td>承兑协议编号</td><td></td><td>地　址</td><td colspan="11"></td></tr>
<tr><td colspan="2">本汇票请你行承兑，到期无条件付款。

出票人签章</td><td colspan="3">本汇票已经承兑，到期日由本行付款。
承兑行签章
承兑日期　年　月　日</td><td colspan="10">复核　　记账</td></tr>
</table>

此联收款人开户行随托收凭证寄付款行作借方凭证附件

银行承兑汇票　　2

C0 A1 00000000

出票日期（大写）　　年　　月　　日

<table>
<tr><td>出票人全称</td><td></td><td rowspan="3">收款人</td><td>全　称</td><td colspan="11"></td></tr>
<tr><td>出票人账号</td><td></td><td>账　号</td><td colspan="11"></td></tr>
<tr><td>付款行全称</td><td></td><td>开户行</td><td colspan="11"></td></tr>
<tr><td rowspan="2">出票金额</td><td colspan="3" rowspan="2">人民币
（大写）</td><td>亿</td><td>千</td><td>百</td><td>十</td><td>万</td><td>千</td><td>百</td><td>十</td><td>元</td><td>角</td><td>分</td></tr>
<tr><td></td><td></td><td></td><td></td><td></td><td></td><td></td><td></td><td></td><td></td><td></td></tr>
<tr><td>汇票到期日
（大写）</td><td></td><td rowspan="2">付款行</td><td>行　号</td><td colspan="11"></td></tr>
<tr><td>承兑协议编号</td><td></td><td>地　址</td><td colspan="11"></td></tr>
<tr><td colspan="2">本汇票请你行承兑，到期无条件付款。

出票人签章</td><td colspan="3">本汇票已经承兑，到期日由本行付款。
承兑行签章
承兑日期　年　月　日</td><td colspan="10">复核　　记账</td></tr>
</table>

此联收款人开户行随托收凭证寄付款行作借方凭证附件

贴现凭证（借方传票） 1

申请日期　　　年　　月　　日　　　　　　第　　号

<table>
<tr><td rowspan="3">贴现汇票</td><td>种　类</td><td></td><td>号码</td><td></td><td rowspan="3">持票人</td><td>名　称</td><td colspan="2"></td></tr>
<tr><td>出票日</td><td colspan="3">年　月　日</td><td>账　号</td><td colspan="2"></td></tr>
<tr><td>到期日</td><td colspan="3">年　月　日</td><td>开户行</td><td colspan="2"></td></tr>
<tr><td colspan="2">汇票承兑人</td><td>名称</td><td colspan="2"></td><td>账号</td><td></td><td>开户行</td><td></td></tr>
<tr><td colspan="2">汇票金额</td><td colspan="6">人民币
（大写）</td><td>千百十万千百十元角分</td></tr>
<tr><td>贴现率</td><td>%</td><td>贴现利息</td><td colspan="2">千百十万千百十元角分</td><td colspan="3">实付贴现金额</td><td>千百十万千百十元角分</td></tr>
<tr><td colspan="4">附送承兑汇票申请贴现，请审核。

持票人签章</td><td>银行审批</td><td colspan="2">负责人　　信贷员</td><td colspan="2">科　　目（借）……
对方科目（贷）……

复核　　记账</td></tr>
</table>

贴现凭证（贷方传票） 2

申请日期　　　年　　月　　日　　　　　　第　　号

<table>
<tr><td rowspan="3">贴现汇票</td><td>种　类</td><td></td><td>号码</td><td></td><td rowspan="3">持票人</td><td>名　称</td><td colspan="2"></td></tr>
<tr><td>出票日</td><td colspan="3">年　月　日</td><td>账　号</td><td colspan="2"></td></tr>
<tr><td>到期日</td><td colspan="3">年　月　日</td><td>开户行</td><td colspan="2"></td></tr>
<tr><td colspan="2">汇票承兑人</td><td>名称</td><td colspan="2"></td><td>账号</td><td></td><td>开户行</td><td></td></tr>
<tr><td colspan="2">汇票金额</td><td colspan="6">人民币
（大写）</td><td>千百十万千百十元角分</td></tr>
<tr><td>贴现率</td><td>%</td><td>贴现利息</td><td colspan="2">千百十万千百十元角分</td><td colspan="3">实付贴现金额</td><td>千百十万千百十元角分</td></tr>
<tr><td colspan="7">备注：</td><td colspan="2">科　　目（贷）……
对方科目（借）……

复核　　记账</td></tr>
</table>

贴现凭证（贷方传票）　3

申请日期　　年　月　日　　　　第　号

<table>
<tr><td rowspan="3">贴现汇票</td><td>种　类</td><td></td><td>号码</td><td colspan="2"></td><td rowspan="3">持票人</td><td>名　称</td><td colspan="3"></td></tr>
<tr><td>出票日</td><td colspan="4">年　月　日</td><td>账　号</td><td colspan="3"></td></tr>
<tr><td>到期日</td><td colspan="4">年　月　日</td><td>开户行</td><td colspan="3"></td></tr>
<tr><td colspan="2">汇票承兑人</td><td>名称</td><td colspan="3"></td><td>账号</td><td></td><td>开户行</td><td colspan="2"></td></tr>
<tr><td colspan="2">汇票金额</td><td colspan="7">人民币
（大写）</td><td colspan="2">千百十万千百十元角分</td></tr>
<tr><td>贴现率</td><td>%</td><td>贴现利息</td><td colspan="3">千百十万千百十元角分</td><td colspan="3">实付贴现金额</td><td colspan="2">千百十万千百十元角分</td></tr>
<tr><td colspan="8">备注：</td><td colspan="3">科　目（贷）……
对方科目（借）……
复核　　记账</td></tr>
</table>

贴现凭证（借方传票）　1

申请日期　　年　月　日　　　　第　号

<table>
<tr><td rowspan="3">贴现汇票</td><td>种　类</td><td></td><td>号码</td><td colspan="2"></td><td rowspan="3">持票人</td><td>名　称</td><td colspan="3"></td></tr>
<tr><td>出票日</td><td colspan="4">年　月　日</td><td>账　号</td><td colspan="3"></td></tr>
<tr><td>到期日</td><td colspan="4">年　月　日</td><td>开户行</td><td colspan="3"></td></tr>
<tr><td colspan="2">汇票承兑人</td><td>名称</td><td colspan="3"></td><td>账号</td><td></td><td>开户行</td><td colspan="2"></td></tr>
<tr><td colspan="2">汇票金额</td><td colspan="7">人民币
（大写）</td><td colspan="2">千百十万千百十元角分</td></tr>
<tr><td>贴现率</td><td>%</td><td>贴现利息</td><td colspan="3">千百十万千百十元角分</td><td colspan="3">实付贴现金额</td><td colspan="2">千百十万千百十元角分</td></tr>
<tr><td colspan="4">附送承兑汇票申请贴现，请审核。

持票人签章</td><td>银行审批</td><td colspan="3">

负责人　　信贷员</td><td colspan="3">科　目（借）……
对方科目（贷）……
复核　　记账</td></tr>
</table>

贴现凭证（贷方传票）　2

申请日期　　年　　月　　日　　　　　　　　第　　号

贴现汇票	种　类		号码		持票人	名　称	
	出票日	年　月　日				账　号	
	到期日	年　月　日				开户行	
汇票承兑人	名称		账号			开户行	
汇票金额	人民币（大写）						千百十万千百十元角分
贴现率	%	贴现利息	千百十万千百十元角分		实付贴现金额		千百十万千百十元角分
备注：					科　目（贷）............ 对方科目（借）............ 复核　　记账		

贴现凭证（贷方传票）　3

申请日期　　年　　月　　日　　　　　　　　第　　号

贴现汇票	种　类		号码		持票人	名　称	
	出票日	年　月　日				账　号	
	到期日	年　月　日				开户行	
汇票承兑人	名称		账号			开户行	
汇票金额	人民币（大写）						千百十万千百十元角分
贴现率	%	贴现利息	千百十万千百十元角分		实付贴现金额		千百十万千百十元角分
备注：					科　目（贷）............ 对方科目（借）............ 复核　　记账		

贴现凭证（借方传票） 1

申请日期　　年　月　日　　　　　　　　第　　号

<table>
<tr><td rowspan="3">贴现汇票</td><td>种　类</td><td></td><td>号码</td><td colspan="2"></td><td rowspan="3">持票人</td><td>名　称</td><td colspan="2"></td></tr>
<tr><td>出票日</td><td colspan="4">年　月　日</td><td>账　号</td><td colspan="2"></td></tr>
<tr><td>到期日</td><td colspan="4">年　月　日</td><td>开户行</td><td colspan="2"></td></tr>
<tr><td colspan="2">汇票承兑人</td><td>名称</td><td colspan="3"></td><td>账号</td><td></td><td>开户行</td><td></td></tr>
<tr><td colspan="2">汇票金额</td><td colspan="6">人民币
（大写）</td><td colspan="2">千百十万千百十元角分</td></tr>
<tr><td>贴现率</td><td>%</td><td>贴现利息</td><td colspan="3">千百十万千百十元角分</td><td colspan="2">实付贴现金额</td><td colspan="2">千百十万千百十元角分</td></tr>
<tr><td colspan="4">附送承兑汇票申请贴现，请审核。

持票人签章</td><td>银行审批</td><td colspan="3">负责人　信贷员</td><td colspan="2">科　目（借）..........
对方科目（贷）..........

复核　记账</td></tr>
</table>

贴现凭证（贷方传票） 2

申请日期　　年　月　日　　　　　　　　第　　号

<table>
<tr><td rowspan="3">贴现汇票</td><td>种　类</td><td></td><td>号码</td><td colspan="2"></td><td rowspan="3">持票人</td><td>名　称</td><td colspan="2"></td></tr>
<tr><td>出票日</td><td colspan="4">年　月　日</td><td>账　号</td><td colspan="2"></td></tr>
<tr><td>到期日</td><td colspan="4">年　月　日</td><td>开户行</td><td colspan="2"></td></tr>
<tr><td colspan="2">汇票承兑人</td><td>名称</td><td colspan="3"></td><td>账号</td><td></td><td>开户行</td><td></td></tr>
<tr><td colspan="2">汇票金额</td><td colspan="6">人民币
（大写）</td><td colspan="2">千百十万千百十元角分</td></tr>
<tr><td>贴现率</td><td>%</td><td>贴现利息</td><td colspan="3">千百十万千百十元角分</td><td colspan="2">实付贴现金额</td><td colspan="2">千百十万千百十元角分</td></tr>
<tr><td colspan="8">备注：</td><td colspan="2">科　目（贷）..........
对方科目（借）..........

复核　记账</td></tr>
</table>

贴现凭证（贷方传票）　3

申请日期　　年　月　日　　　　第　号

<table>
<tr><td rowspan="3">贴现汇票</td><td>种　类</td><td></td><td>号码</td><td></td><td rowspan="3">持票人</td><td>名　称</td><td colspan="2"></td></tr>
<tr><td>出票日</td><td colspan="3">年　月　日</td><td>账　号</td><td colspan="2"></td></tr>
<tr><td>到期日</td><td colspan="3">年　月　日</td><td>开户行</td><td colspan="2"></td></tr>
<tr><td colspan="2">汇票承兑人</td><td>名称</td><td colspan="2"></td><td>账号</td><td></td><td>开户行</td><td></td></tr>
<tr><td colspan="2">汇票金额</td><td colspan="6">人民币
（大写）</td><td>千百十万千百十元角分</td></tr>
<tr><td>贴现率</td><td>%</td><td>贴现利息</td><td colspan="2">千百十万千百十元角分</td><td colspan="3">实付贴现金额</td><td>千百十万千百十元角分</td></tr>
<tr><td colspan="7">备注：</td><td colspan="2">科　目（贷）…………
对方科目（借）…………
复核　　记账</td></tr>
</table>

实训八　模拟银行票据交换业务的核算

（一）实训资料

设计四至五家银行进行票据交换。江城A支行6月20日发生了下列同城票据交换业务。

1. 提出交换：见实训三、实训五和实训八中的托收核算资料。

2. 提入交换：当日从票据交换中心提回全部凭证。

（二）实训要求

1. 同城票据交换提出票据：填制一式二份银行清差表，将所有提出交换的票据按照提出借方（转账支票，银行本票，信用卡转账单、签购单）和提出贷方（二联进账单和信用卡存款单一、二联）分别加计笔数和金额填入银行清差表的提出票据栏，然后将所有提出交换的票据按各银行清分装入信封，信封上写明收受银行名称，提出交换。

2. 同城票据交换提入票据：将所有提入的票据按照提入借方（转账支票，银行本票，信用卡转账单、签购单，托收凭证第三、四、五联及商业承兑汇票）和提入贷方（第二联进账单和信用卡存款单），分别加计总数和金额，填入银行清差表的提入票据栏。如借方金额大于贷方金额，则为应收差额，填入清差表的应收差额栏；如贷方金额大于借方金额，则为应付差额，填入清差表的应付差额栏。

3. 对于提入的转账支票，核对签发单位账号，记入签发单位分户账的借方，记账后加盖转讫章留存；提入的银行本票应与银行本票第二联核对相符后办理结清手续；提入的信用卡转账单及签购单，核对持卡人账号、名称无误后，记入持卡人存款账户的借方，记账后加盖转讫章留存；提入的托收凭证第三、四、五联及商业承兑汇票，核对承兑人账号、户名无误后，托收凭证第三、四联及商业承兑汇票专夹保管，托收凭证第五联加盖结算专用章作付款通知交承兑人。

对于提入的进账单，第一联交客户，第二联核对收款单位账号、户名，记入收款单位分户账的贷方，记账后加盖转讫章。

对于提入的信用卡存款单，核对持卡人存款账号、名称，记入持卡人存款账户的贷方，记账后加盖转讫章。

4. 实训三中由持票人办理顺进账的，退票时间过后，若无退回的转账支票，应将原保管的进账单第二联抽出，核对账号、户名无误后，记入收款单位分户账的贷方，记账后加盖转讫章。

5. 根据“银行清差表”填制“两行往来划账单”一式两联。如为应收差额，则收款行全称栏填写本行行名，付款行全称栏填写“中央银行”，将应收金额填入合计（大写栏和小写栏），其他各栏均不填写。将一份“银行清差表”和“两行往来划账单”的借方传票留下，记入“存放中央银行款项”科目备付金账户的借方;另一份“银行清差表”和“两行往来划账单”的贷方传票交中央银行。如为应付差额,收款行全称栏填写“中央银行”,付款行全称栏填写本行行名,应付金额仍填入合计(大写栏和小写栏),将一份“银行清差表”和“两行往来划账单”的贷方传票留下记入“存放中央银行款项”科目备付金账户的贷方,另一份“银行清差表”和“两行往来划账单”的借方传票交中央银行。

中国　　银行　转账支票

出票日期(大写)　　　　　　年陆月壹拾捌日　　　　　　付款行名称:江城A支行

收款人:黄鹤酒厂　　　　　　　　　　　　　　　　　　出票人账号:A—306—1

人民币（大写）	亿	千	百	十	万	千	百	十	元	角	分
贰万玖仟壹佰叁拾伍元陆角贰分				¥	2	9	1	3	5	6	2

用途　货款

上列款项请从

我账户内支付

出票人签章　　　　　　　　复核　　　　记账

中国　　银行　转账支票

出票日期(大写)　　　　　　年陆月壹拾玖日　　　　　　付款行名称:江城A支行

收款人:市国棉五厂　　　　　　　　　　　　　　　　　出票人账号:A—302—2

人民币（大写）	亿	千	百	十	万	千	百	十	元	角	分
柒万肆仟捌佰元整				¥	7	4	8	0	0	0	0

用途　付原材料款

上列款项请从

我账户内支付

出票人签章　　　　　　　　复核　　　　记账

中国　　银行　转账支票

出票日期(大写)　　　　　　年陆月壹拾柒日　　　　　　付款行名称:江城A支行

收款人:新华书店　　　　　　　　　　　　　　　　　　出票人账号:A—323—1

人民币（大写）	亿	千	百	十	万	千	百	十	元	角	分
叁拾叁万贰仟零壹元壹角			¥	3	3	2	0	0	1	1	0

用途　教材款

上列款项请从

我账户内支付

出票人签章　　　　　　　　复核　　　　记账

中国　　银行　转账支票

出票日期(大写)　　　　　　　　　年陆月壹拾伍日　　　　　　　付款行名称:江城 A 支行

收款人:贝纳尔洁具公司　　　　　　　　　　　　　　　　　　　出票人账号:A—315—1

	亿	千	百	十	万	千	百	十	元	角	分
人民币 (大写)　壹拾万零叁佰元整			¥	1	0	0	3	0	0	0	0

用途　货款

上列款项请从

我账户内支付

出票人签章　　　　　　　　　　　　　　　复核　　　　记账

银行　进账单　(贷方凭证)　2

年 6 月 19 日

出票人	全　称	宏远证券公司	收款人	全　称	新时尚商业大厦
	账　号	C—310—11		账　号	A—304—3
	开户行	江城 C 支行		开户行	江城 A 支行

金额	亿	千	百	十	万	千	百	十	元	角	分
人民币(大写)　贰拾陆万贰仟贰佰元整			¥	2	6	2	2	0	0	0	0

票据种类	支票	票据张数	1
票据号码			

备注:

复核　　　记账

此联由收款人开户行作贷方凭证

银行　进账单 （贷方凭证） 2

年 6 月 20 日

出票人	全　　称	汉东重型机械厂	收款人	全　　称	省国税局直属分局
	账　　号	B—302—41		账　　号	A—323—4
	开 户 行	江城 B 支行		开 户 行	江城 A 支行

金额	人民币（大写）	亿	千	百	十	万	千	百	十	元	角	分
	柒仟玖佰叁拾元整					¥	7	9	3	0	0	0

票据种类	支票	票据张数	1
票据号码			

备注：

复核　　　　记账

此联由收款人开户行作贷方凭证

银行　进账单 （贷方凭证） 2

年 6 月 18 日

出票人	全　　称	久运律师事务所	收款人	全　　称	华中医学院
	账　　号	D—306—6		账　　号	A—323—2
	开 户 行	江城 D 支行		开 户 行	江城 A 支行

金额	人民币（大写）	亿	千	百	十	万	千	百	十	元	角	分
	壹万伍仟元整				¥	1	5	0	0	0	0	0

票据种类	支票	票据张数	1
票据号码			

备注：

复核　　　　记账

此联由收款人开户行作贷方凭证

银行　进账单（贷方凭证）2

年 6 月 20 日

出票人	全　称	汉东重型机械厂	收款人	全　称	省国税局直属分局
	账　号	B—302—41		账　号	A—323—4
	开户行	江城 B 支行		开户行	江城 A 支行

金额	人民币（大写）	捌仟玖佰叁拾元整	亿	千	百	十	万	千	百	十	元	角	分
							¥	8	9	3	0	0	0

票据种类	支票	票据张数	1
票据号码			

备注：

复核　　记账

此联由收款人开户行作贷方凭证

付款期限
贰 个 月

银行本票 2

E B / 0 3　00000000

出票日期（大写）　年伍月贰拾捌日

收款人：康华电线厂	申请人：市建筑工程一公司
凭票即付　人民币（大写）　捌万叁仟伍佰元整	

转账	现金	出票行签章	出纳　复核　经办

此联出票行结清本票时作借方凭证

付款期限
贰 个 月

银行
本　票　　**2**

$\frac{E}{0}\frac{B}{3}$ 00000000

出票日期（大写）　年陆月伍日

收款人:市水产品加工厂			申请人:家家乐超市
凭票即付 人民币（大写） 贰拾万元整			
转账	现金	出票行签章	出纳　复核　经办

此联出票行结清本票时作借方凭证

持卡人姓名及编号　汪霞		编号 银行 卡存款单
汇款人签名　汪霞　持卡人签名　汪霞		
摘　要　　日　期　年 6 月 19 日		
代理行名称、代号 江城 B 支行　B	人 民 币	
银行签章	存款金额（小写）	￥5 000
	手续费（小写）	
科目(贷) 对方科目(借)	交款金额（大写）	伍仟元整

复核　记账　复核　出纳

第二联：持卡人开户行作贷方凭证

<table>
<tr><td colspan="2">持卡人姓名及编号　郭大军</td><td colspan="2" rowspan="3">编号

银行

卡存款单</td></tr>
<tr><td colspan="2">汇款人签名　　持卡人签名　郭大军</td></tr>
<tr><td colspan="2">摘　要　　　　　　日　期　　年6月20日</td></tr>
<tr><td rowspan="2">代理行名称、代号
江城E支行　　E</td><td colspan="3">人 民 币</td></tr>
<tr><td colspan="2">存款金额（小写）</td><td>¥10 000</td></tr>
<tr><td rowspan="2">银行签章

科目(贷)
对方科目(借)</td><td colspan="2">手续费（小写）</td><td></td></tr>
<tr><td colspan="2">交款金额（大写）</td><td>壹万元整</td></tr>
</table>

复核　　　　记账　　　　复核　　　　出纳

第二联：持卡人开户行作贷方凭证

<table>
<tr><td colspan="3">持卡人姓名及编号　南方财务公司</td><td colspan="5" rowspan="3">编号

银行

卡转账单</td></tr>
<tr><td colspan="3">证　件　　　　　持卡人签名:南方财务公司</td></tr>
<tr><td colspan="3">授权号码　　　　日　期　　年6月18日</td></tr>
<tr><td colspan="2" rowspan="3">受理行名称、代号
江城A支行　A</td><td rowspan="4">收款单位</td><td>全称</td><td colspan="4">食得顺餐饮公司</td></tr>
<tr><td>账号</td><td colspan="4">C—306—25</td></tr>
<tr><td>开户行</td><td>江城C支行</td><td>行号</td><td colspan="2">C</td></tr>
<tr><td rowspan="3">摘要</td><td rowspan="3">银行签章

科目(借)
对方科目(贷)</td></tr>
<tr><td rowspan="2">金额</td><td>小写</td><td colspan="4">¥6 376.2</td></tr>
<tr><td>大写</td><td colspan="4">陆仟叁佰柒拾陆元贰角</td></tr>
</table>

主管　　　　复核　　　　记账

第二联：持卡人开户行作借方凭证

<table>
<tr><td colspan="3">持卡人姓名及编号　赵楚丰</td><td colspan="4" rowspan="3">编号

银行

卡转账单</td></tr>
<tr><td colspan="3">证　件　　　　　　持卡人签名　赵楚丰</td></tr>
<tr><td colspan="3">授权号码　　　　日　期　　　年 6 月 20 日</td></tr>
<tr><td colspan="2" rowspan="2">受理行名称、代号
江城 A 支行　A</td><td rowspan="3">收款单位</td><td>全称</td><td colspan="3">科海电脑城</td></tr>
<tr><td>账号</td><td colspan="3">D—304—38</td></tr>
<tr><td rowspan="3">摘要</td><td rowspan="3">银行签章

科目(借)
对方科目(贷)</td><td>开户行</td><td>江城 D 支行</td><td>行号</td><td>D</td></tr>
<tr><td rowspan="2">金额</td><td>小写</td><td colspan="3">¥3 400.00</td></tr>
<tr><td>大写</td><td colspan="3">叁仟肆佰元整</td></tr>
</table>

主管　　　　　复核　　　　　记账

第二联：持卡人开户行作借方凭证

<table>
<tr><td colspan="2">持卡人姓名及编号　鲁方菲</td><td rowspan="3">编号

银行

卡签购单</td></tr>
<tr><td colspan="2">证　件　　　　　　持卡人签名　鲁方菲</td></tr>
<tr><td colspan="2">授权号码　　　　日　期　　　年 6 月 20 日</td></tr>
<tr><td rowspan="3">特约单位名称、代号
红莲花商都
经办人签章</td><td colspan="2">人 民 币</td></tr>
<tr><td>购物消费
(小写)</td><td>¥581.9</td></tr>
<tr><td>什项
(小写)</td><td>¥5.8</td></tr>
<tr><td rowspan="2">银行签章

科目(借)
对方科目(贷)</td><td>总额
(大写)</td><td>伍佰柒拾陆元壹角</td></tr>
<tr><td>摘　　要</td><td></td></tr>
</table>

主管　　　　　复核　　　　　记账

第二联：持卡人开户行作借方凭证

托收凭证 （借方传票） 3

委托日期　　年 6 月 20 日

<table>
<tr><td colspan="2">业务类型</td><td colspan="20">委托收款(□邮划、□电划)　托收承付(□邮划、□电划)</td></tr>
<tr><td rowspan="3">付款人</td><td>全称</td><td colspan="4">省经济综合大学</td><td rowspan="3">收款人</td><td>全称</td><td colspan="14">益民水泥厂</td></tr>
<tr><td>账号</td><td colspan="4">A—323—1</td><td>账号</td><td colspan="14">B—302—46</td></tr>
<tr><td>地址</td><td>省　市县</td><td>开户行</td><td colspan="2">江城 A 支行</td><td>地址</td><td>省　市县</td><td>开户行</td><td colspan="12">江城 B 支行</td></tr>
<tr><td rowspan="2">金额</td><td colspan="9" rowspan="2">人民币（大写）　陆拾肆万元整</td><td>亿</td><td>千</td><td>百</td><td>十</td><td>万</td><td>千</td><td>百</td><td>十</td><td>元</td><td>角</td><td>分</td></tr>
<tr><td></td><td></td><td>¥</td><td>6</td><td>4</td><td>0</td><td>0</td><td>0</td><td>0</td><td>0</td><td>0</td></tr>
<tr><td>款项内容</td><td colspan="2">货款</td><td>托收凭据名称</td><td colspan="3">商业承兑汇票</td><td colspan="2">附寄单证张数</td><td colspan="13"></td></tr>
<tr><td colspan="3">商品发运情况</td><td colspan="4"></td><td colspan="3">合同名称号码</td><td colspan="12"></td></tr>
<tr><td colspan="5">备注：
收款人开户行收到日期
年　月　日</td><td colspan="5">收款人开户行签章
年　月　日</td><td colspan="12">复核　　记账</td></tr>
</table>

此联付款人开户行作借方凭证

托收凭证 （汇款依据或收账通知） 4

委托日期　　年 6 月 20 日

<table>
<tr><td colspan="2">业务类型</td><td colspan="20">委托收款(□邮划、□电划)　托收承付(□邮划、□电划)</td></tr>
<tr><td rowspan="3">付款人</td><td>全称</td><td colspan="4">省经济综合大学</td><td rowspan="3">收款人</td><td>全称</td><td colspan="14">益民水泥厂</td></tr>
<tr><td>账号</td><td colspan="4">A—323—1</td><td>账号</td><td colspan="14">B—302—46</td></tr>
<tr><td>地址</td><td>省　市县</td><td>开户行</td><td colspan="2">江城 A 支行</td><td>地址</td><td>省　市县</td><td>开户行</td><td colspan="12">江城 B 支行</td></tr>
<tr><td rowspan="2">金额</td><td colspan="9" rowspan="2">人民币（大写）　陆拾肆万元整</td><td>亿</td><td>千</td><td>百</td><td>十</td><td>万</td><td>千</td><td>百</td><td>十</td><td>元</td><td>角</td><td>分</td></tr>
<tr><td></td><td></td><td>¥</td><td>6</td><td>4</td><td>0</td><td>0</td><td>0</td><td>0</td><td>0</td><td>0</td></tr>
<tr><td>款项内容</td><td colspan="2">货款</td><td>托收凭据名称</td><td colspan="3">商业承兑汇票</td><td colspan="2">附寄单证张数</td><td colspan="13"></td></tr>
<tr><td colspan="3">商品发运情况</td><td colspan="4"></td><td colspan="3">合同名称号码</td><td colspan="12"></td></tr>
<tr><td colspan="5">备注：
复核　　记账</td><td colspan="5">上列款项已划回收入你方账户。
收款人开户行签章
年　月　日</td><td colspan="12"></td></tr>
</table>

此联付款人开户行凭以汇款

商业承兑汇票 2

$\frac{A}{0}\frac{A}{1}$00000000

出票日期　　　年　月　日

（大写）

付款人	全　称		收款人	全　称	
	账　号			账　号	
	开户行			开户行	

出票金额	人民币（大写）	亿	千	百	十	万	千	百	十	元	角	分

汇票到期日（大写）		付款人开户行	行　号	
交易合同号码			地　址	
本汇票已承兑，到期无条件付票款。 承兑人签章 承兑日期　年　月　日		本汇票予以承兑，于到期日付款。 出票人签章		

托收凭证（借方传票） 3

委托日期　　年 6 月 20 日

业务类型	委托收款（□邮划、□电划）　托收承付（□邮划、□电划）								
付款人	全称	江南钢铁公司			收款人	全称	第一冶金工业公司		
	账号	A—302—6				账号	E—302—3		
	地址	省　市县	开户行	江城A支行		地址	省　市县	开户行	江城E支行

金额	人民币（大写）壹佰捌拾玖万元整	亿	千	百	十	万	千	百	十	元	角	分
			¥	1	8	9	0	0	0	0	0	0

款项内容	货款	托收凭据名称	商业承兑汇票	附寄单证张数	
商品发运情况			合同名称号码		
备注： 收款人开户行收到日期 年　月　日	上列款项随附有关债务证明，请予办理。 收款人签章			复核　　记账	

此联付款人开户行作借方传票

托收凭证（汇款依据或收账通知） 4

委托日期　　年　月　日

<table>
<tr><td colspan="2">业务类型</td><td colspan="4">委托收款（□邮划、□电划）</td><td colspan="6">托收承付（□邮划、□电划）</td></tr>
<tr><td rowspan="3">付款人</td><td>全称</td><td colspan="4">江南钢铁公司</td><td rowspan="3">收款人</td><td>全称</td><td colspan="4">第一冶金工业公司</td></tr>
<tr><td>账号</td><td colspan="4">A—302—6</td><td>账号</td><td colspan="4">E—302—3</td></tr>
<tr><td>地址</td><td>省</td><td>市县</td><td>开户行</td><td>江城A支行</td><td>地址</td><td>省</td><td>市县</td><td>开户行</td><td>江城E支行</td></tr>
<tr><td>金额</td><td colspan="6">人民币（大写）　壹佰捌拾玖万元整</td><td colspan="5">亿｜千｜百｜十｜万｜千｜百｜十｜元｜角｜分
　｜¥｜1｜8｜9｜0｜0｜0｜0｜0｜0</td></tr>
<tr><td>款项内容</td><td colspan="2">货款</td><td>托收凭据名称</td><td colspan="2">商业承兑汇票</td><td colspan="2">附寄单证张数</td><td colspan="4"></td></tr>
<tr><td colspan="2">商品发运情况</td><td colspan="4"></td><td colspan="3">合同名称号码</td><td colspan="3"></td></tr>
<tr><td colspan="4">备注：</td><td colspan="5">上列款项已划回收入你方账户。

收款人开户行签章
年　月　日</td><td colspan="3"></td></tr>
</table>

此联付款人开户行凭以汇款

商业承兑汇票 2

$\frac{A}{0}\frac{A}{1}$00000000

出票日期　　年　月　日

（大写）

<table>
<tr><td rowspan="3">付款人</td><td>全　称</td><td colspan="2"></td><td rowspan="3">收款人</td><td>全　称</td><td colspan="2"></td></tr>
<tr><td>账　号</td><td colspan="2"></td><td>账　号</td><td colspan="2"></td></tr>
<tr><td>开户行</td><td colspan="2"></td><td>开户行</td><td colspan="2"></td></tr>
<tr><td colspan="2">出票金额</td><td colspan="5">人民币（大写）</td><td>亿｜千｜百｜十｜万｜千｜百｜十｜元｜角｜分</td></tr>
<tr><td colspan="2">汇票到期日（大写）</td><td colspan="2"></td><td rowspan="2">付款人开户行</td><td>行　号</td><td colspan="2"></td></tr>
<tr><td colspan="2">交易合同号码</td><td colspan="2"></td><td>地　址</td><td colspan="2"></td></tr>
<tr><td colspan="4">本汇票已承兑，到期无条件付票款。

承兑人签章
承兑日期　年　月　日</td><td colspan="4">本汇票予以承兑，于到期日付款。

出票人签章</td></tr>
</table>

银行清差表

账号
行号　　　　户名　　　　　　　　年　月　日　　第　次

借方			贷方		
项目	笔数	金额	项目	笔数	金额
提出借方			提出贷方		
提回贷方			提回借方		
应收差额			应付差额		

会计主管　　复核　　经办

银行清差表

账号
行号　　　　户名　　　　　　　　年　月　日　　第　次

借方			贷方		
项目	笔数	金额	项目	笔数	金额
提出借方			提出贷方		
提回贷方			提回借方		
应收差额			应付差额		

会计主管　　复核　　经办

两行往来划账单（贷方传票）

收款行全称　　　　年　月　日　　　　付款行全称

付款单位科目及账号	收款单位科目及账号	金额									付款单位科目及账号	收款单位科目及账号	金额								
		百万	十万	万	千	百	十	元	角	分			百万	十万	万	千	百	十	元	角	分

银行签章　　合计（大写）

会计分录　科　目（贷）＿＿＿＿＿
　　　　　对方科目（借）＿＿＿＿＿

两行往来划账单(借方传票)

<table>
<tr><td colspan="2">收款行
全　称</td><td colspan="18">年　　月　　日</td><td colspan="2">付款行
全　称</td></tr>
<tr><td rowspan="2">付款单位
科目及账号</td><td rowspan="2">收款单位
科目及账号</td><td colspan="9">金　　额</td><td rowspan="2">付款单位
科目及账号</td><td rowspan="2">收款单位
科目及账号</td><td colspan="9">金　　额</td></tr>
<tr><td>百万</td><td>十万</td><td>万</td><td>千</td><td>百</td><td>十</td><td>元</td><td>角</td><td>分</td><td>百万</td><td>十万</td><td>万</td><td>千</td><td>百</td><td>十</td><td>元</td><td>角</td><td>分</td></tr>
<tr><td></td><td></td><td></td><td></td><td></td><td></td><td></td><td></td><td></td><td></td><td></td><td></td><td></td><td></td><td></td><td></td><td></td><td></td><td></td><td></td><td></td><td></td></tr>
<tr><td></td><td></td><td></td><td></td><td></td><td></td><td></td><td></td><td></td><td></td><td></td><td></td><td></td><td></td><td></td><td></td><td></td><td></td><td></td><td></td><td></td><td></td></tr>
<tr><td></td><td></td><td></td><td></td><td></td><td></td><td></td><td></td><td></td><td></td><td></td><td></td><td></td><td></td><td></td><td></td><td></td><td></td><td></td><td></td><td></td><td></td></tr>
<tr><td></td><td></td><td></td><td></td><td></td><td></td><td></td><td></td><td></td><td></td><td></td><td></td><td></td><td></td><td></td><td></td><td></td><td></td><td></td><td></td><td></td><td></td></tr>
<tr><td></td><td></td><td></td><td></td><td></td><td></td><td></td><td></td><td></td><td></td><td></td><td></td><td></td><td></td><td></td><td></td><td></td><td></td><td></td><td></td><td></td><td></td></tr>
<tr><td colspan="2" rowspan="2">银行签章</td><td colspan="11">合计(大写)</td><td></td><td></td><td></td><td></td><td></td><td></td><td></td><td></td><td></td></tr>
<tr><td colspan="2">会计
分录</td><td colspan="18">科　　目(借)____________
对方科目(贷)____________</td></tr>
</table>

实训九　模拟银行联行往来的核算

（一）实训资料

江城 A 支行 6 月 20 日发生下列联行往来业务。

1. 发出报单业务见实训六。

2. 收到报单业务如下。

(1) 收到甲联行邮划贷方报单一份，金额 65 252.30 元，附件为信汇凭证的第三、四联，收款人省外贸服装加工厂，付款人友谊商业大厦(账号甲—304—27)。

(2) 收到乙联行邮划借方报单一份，金额 12 100 元，附件为银行汇票第三联，收款人弘康制药有限公司(账号乙—302—6)，申请人华中医学院，原出票金额13 000元。

(3) 收到甲联行电划报单一份，金额 8 000 元，收款人大桥食品加工厂，付款人亿园量贩城(账号甲—304—27)。

(4) 收到丙联行邮划贷方报单一份，金额 2 000 元，附件为信用卡存款单第二联，持卡人鲁芳菲。

(5) 收到丁联行邮划借方报单一份，金额 3 000 元，附件为信用卡取现单第二联，持卡人郭大军。

(6) 收到乙联行邮划贷方报单一份，金额 150 000 元，附件为托收凭证第四联，系支付商业承兑汇票款，承兑人扬子江车辆厂(账号乙—302—6)，收款人江南钢铁公司。

(7) 收到丙联行电划报单一份，金额 9 700 元，收款人倪民(未在本行开户)，付款人新星实验中学(账号丙—323—17)，系支付倪民退休工资。

(8) 收到丁联行邮划借方报单一份，金额 143 007.97 元，附件为银行汇票第三联，收款人步云飞鞋业制造公司（账号丁—302—6)，申请人中心百货商城，原出票金额 150 000 元。

(9) 收到甲联行邮划贷方报单一份，金额 800 000 元，附件为托收凭证第四联，系支付持票人红旗机床制造厂银行承兑汇票款，承兑申请人神宙电机厂（账号甲—302—46)。

(10) 收到乙联行邮划贷方报单一份，金额 35 870.81 元，附件为信汇凭证第三、四联，收款人国营白莲湖农场，付款人卧龙国际大酒店(账号乙—304—2)。

（二）实训要求

1. 根据以上各笔经济业务分别填制相关银行会计凭证(空白银行会计凭证见后附)。

(1) 发出报单业务相关凭证及报单的编制见实训六。

(2) 收到报单业务根据发生业务内容分别编制下列凭证(按业务序号排列)。(注:第(3)、(7)笔业务只需编制电划贷方补充报单一式四联。)

2. 根据报单第三联编制“联行往账报告表”,根据报单第二联编制“联行来账报告表”(只需填写本日发生额和余额)。

报单内仅填一笔业务时，只将金额填入合计金额栏，如填数笔业务时，除分填每笔金额外，应将总数填入合计金额栏。

1

邮划贷方报单第一联

报单号码 Ⅱ Ⅰ

发报行	行号		编制	年 月 日	收报行	行号		转账日期	
	行名					行名			

收款单位账号或名称	付款单位账号或名称	千	百	十	万	千	百	十	元	角	分

合计金额	亿	千	百	十	万	千	百	十	元	角	分

事由					
附件		密押		编押	

备注：	发报行	（发报行公章）	收报行	核对印鉴 核押 复 核 记账 对账日期 对账

2

邮划贷方报单第二联

报单号码 Ⅱ Ⅰ

发报行	行号		编制	年 月 日	收报行	行号		转账日期	
	行名					行名			

收款单位账号或名称	付款单位账号或名称	千	百	十	万	千	百	十	元	角	分

合计金额	亿	千	百	十	万	千	百	十	元	角	分

事由					
附件		密押		编押	

备注：

银行　信汇凭证（贷方凭证）3

年　月　日

汇款人	全　称		收款人	全　称	
	账　号			账　号	
	汇出地点	省　市/县		汇入地点	省　市/县
汇出行名称			汇入行名称		
金额	人民币（大写）				亿 千 百 十 万 千 百 十 元 角 分
			支付密码		
			附加信息及用途 复核　记账		

此联汇入行作贷方凭证

1　邮划借方报单第一联

发报行	行号		编制　年　月　日	收报行	行号	转账日期
	行名				行名	

付款单位账号或名称	收款单位账号或名称	千	百	十	万	千	百	十	元	角	分	合计金额	亿 千 百 十 万 千 百 十 元 角 分
												事由	
												附件	

备注：	发报行	（发报行联行专用章）	收报行	核对印鉴 复　核　记账 转账日期　年　月　日

2

邮划借方报单第二联

发报行	行号		编制	年 月 日	收报行	行号		转账日期	
	行名					行名			

付款单位账号或名称	收款单位账号或名称	千	百	十	万	千	百	十	元	角	分	合计金额	亿	千	百	十	万	千	百	十	元	角	分
												事由											
												附件											

备注：	管辖分行	输入 复核
		传送日期 年 月 日

银行

地名 $\frac{B}{0}\frac{A}{1}$ 00000000

付款期限
壹 个 月

银行汇票（解讫通知） 3

汇票号码

出票日期（大写） 年 月 日

代理付款行：	行号：

收款人：										
出票金额 人民币（大写）										
实际结算金额 人民币（大写）	千	百	十	万	千	百	十	元	角	分

行号：__________

申请人：__________

出票行：__________ 行号：__________

备 注：__________

代理付款行签章

复核 经办

密押：										
多余金额										
千	百	十	万	千	百	十	元	角	分	
										复核 记账

此联代理付款行兑付后随报单寄出票行，由出票行作多余款贷方凭证

银行

付款期限
壹 个 月

银行汇票(卡片)　1

汇票号码

出票日期（大写）　年　月　日

代理付款行：　行号：

收款人：

出票金额 人民币（大写）

实际结算金额 人民币（大写）	千	百	十	万	千	百	十	元	角	分

申请人：　账号：

出票行：　行号：

备　注：

复核　经办

复核　记账

此联出票行结清汇票时作汇出汇款借方凭证

1　银行电划贷方补充报单第一联

发报行	行号		发报　年　月　日	收报行	行号		号码	
	行名				行名			

账号或住址

收款单位名称

付款单位名称

事　　由

亿	千	百	十	万	千	百	十	元	角	分

密押

备注：

收报行　译电　核押　记账　复核

转账日期　年　月　日

2　银行电划贷方补充报单第二联

发报行	行号		发报　年　月　日	收报行	行号		号码	
	行名				行名			

账号或住址

收款单位名称

付款单位名称

事　　由

亿	千	百	十	万	千	百	十	元	角	分

备注：

管辖分行　传输　复核

传送日期　年　月　日

3 银行电划贷方补充报单第三联

<table>
<tr><td rowspan="2">发报行</td><td>行号</td><td></td><td>发报　年　月　日</td><td rowspan="2">收报行</td><td>行号</td><td></td><td>号码</td><td></td></tr>
<tr><td>行名</td><td colspan="2"></td><td>行名</td><td colspan="3"></td></tr>
<tr><td colspan="6">账号或住址……
收款单位名称……
付款单位名称……
事　　由……</td><td colspan="3">亿 千 百 十 万 千 百 十 元 角 分

应解汇款编号</td></tr>
<tr><td colspan="6">备注：</td><td>收报行</td><td colspan="2">科　　目(贷)______
对方科目(借)______
记账　　　复核

转账日期　　年　月　日</td></tr>
</table>

4 银行电划贷方补充报单第四联

<table>
<tr><td rowspan="2">发报行</td><td>行号</td><td></td><td>发报　年　月　日</td><td rowspan="2">收报行</td><td>行号</td><td></td><td>号码</td><td></td></tr>
<tr><td>行名</td><td colspan="2"></td><td>行名</td><td colspan="3"></td></tr>
<tr><td colspan="6">账号或住址……
收款单位名称……
付款单位名称……
事　　由……</td><td colspan="3">亿 千 百 十 万 千 百 十 元 角 分

密押</td></tr>
<tr><td colspan="3">上列款项已代转账，如有错误，请持此联来行面洽。
此致(开户单位)

(银行盖章)
年　月　日</td><td colspan="2">上列款项已照收无误
证件名称
证件号码
(收款单位盖章)

年　月　日</td><td>收报行</td><td colspan="3">科　　目(贷)______
对方科目(借)______
记账　　　复核

转账日期　　年　月　日</td></tr>
</table>

1　邮划贷方报单第一联

报单号码　Ⅱ Ⅰ

报单内仅填一笔业务时，只将金额填入合计金额栏，如填数笔业务时，除分填每笔金额外，应将总数填入合计金额栏。

<table>
<tr><td rowspan="2">发报行</td><td>行号</td><td></td><td>编制</td><td>年　月　日</td><td rowspan="2">收报行</td><td>行号</td><td></td><td>转账日期</td><td></td></tr>
<tr><td>行名</td><td colspan="3"></td><td>行名</td><td colspan="3"></td></tr>
</table>

<table>
<tr><td>收款单位
账号或名称</td><td>付款单位
账号或名称</td><td>千</td><td>百</td><td>十</td><td>万</td><td>千</td><td>百</td><td>十</td><td>元</td><td>角</td><td>分</td><td rowspan="2">合计
金额</td><td>亿</td><td>千</td><td>百</td><td>十</td><td>万</td><td>千</td><td>百</td><td>十</td><td>元</td><td>角</td><td>分</td></tr>
<tr><td></td><td></td><td></td><td></td><td></td><td></td><td></td><td></td><td></td><td></td><td></td><td></td><td></td><td></td><td></td><td></td><td></td><td></td><td></td><td></td><td></td><td></td><td></td></tr>
<tr><td></td><td></td><td></td><td></td><td></td><td></td><td></td><td></td><td></td><td></td><td></td><td></td><td rowspan="2">事由</td><td colspan="11" rowspan="2"></td></tr>
<tr><td></td><td></td><td></td><td></td><td></td><td></td><td></td><td></td><td></td><td></td><td></td><td></td></tr>
<tr><td></td><td></td><td></td><td></td><td></td><td></td><td></td><td></td><td></td><td></td><td></td><td></td><td rowspan="2">附件</td><td colspan="3" rowspan="2"></td><td rowspan="2">密押</td><td colspan="3" rowspan="2"></td><td rowspan="2">编押</td><td colspan="2" rowspan="2"></td></tr>
<tr><td></td><td></td><td></td><td></td><td></td><td></td><td></td><td></td><td></td><td></td><td></td><td></td></tr>
</table>

<table>
<tr><td>备注：</td><td>发报行</td><td>（发报行公章）</td><td>收报行</td><td>核对印鉴　　核押
复　　核　　记账
对账日期　　对账</td></tr>
</table>

2　邮划贷方报单第二联

报单号码　Ⅱ Ⅰ

<table>
<tr><td rowspan="2">发报行</td><td>行号</td><td></td><td>编制</td><td>年　月　日</td><td rowspan="2">收报行</td><td>行号</td><td></td><td>转账日期</td><td></td></tr>
<tr><td>行名</td><td colspan="3"></td><td>行名</td><td colspan="3"></td></tr>
</table>

<table>
<tr><td>收款单位
账号或名称</td><td>付款单位
账号或名称</td><td>千</td><td>百</td><td>十</td><td>万</td><td>千</td><td>百</td><td>十</td><td>元</td><td>角</td><td>分</td><td rowspan="2">合计
金额</td><td>亿</td><td>千</td><td>百</td><td>十</td><td>万</td><td>千</td><td>百</td><td>十</td><td>元</td><td>角</td><td>分</td></tr>
<tr><td></td><td></td><td></td><td></td><td></td><td></td><td></td><td></td><td></td><td></td><td></td><td></td><td></td><td></td><td></td><td></td><td></td><td></td><td></td><td></td><td></td><td></td><td></td></tr>
<tr><td></td><td></td><td></td><td></td><td></td><td></td><td></td><td></td><td></td><td></td><td></td><td></td><td rowspan="2">事由</td><td colspan="11" rowspan="2"></td></tr>
<tr><td></td><td></td><td></td><td></td><td></td><td></td><td></td><td></td><td></td><td></td><td></td><td></td></tr>
<tr><td></td><td></td><td></td><td></td><td></td><td></td><td></td><td></td><td></td><td></td><td></td><td></td><td rowspan="2">附件</td><td colspan="3" rowspan="2"></td><td rowspan="2">密押</td><td colspan="3" rowspan="2"></td><td rowspan="2">编押</td><td colspan="2" rowspan="2"></td></tr>
<tr><td></td><td></td><td></td><td></td><td></td><td></td><td></td><td></td><td></td><td></td><td></td><td></td></tr>
</table>

备注：

持卡人姓名及编号		编号 银行 卡存款单
汇款人签名	持卡人签名	
摘　要	日　期	
代理行名称、代号	人 民 币	
银行签章 科目（贷） 对方科目（借）	存款金额（小写）	
	手续费（小写）	
	交款金额（大写）	

第二联：持卡人开户行作贷方凭证

复核　　　　记账　　　　复核　　　　出纳

1　　**邮划借方报单第一联**

发报行	行号		编制	年　月　日	收报行	行号		转账日期	
	行名					行名			

付款单位账号或名称	收款单位账号或名称	千	百	十	万	千	百	十	元	角	分	合计金额	亿	千	百	十	万	千	百	十	元	角	分
												事由											
												附件											

备注：	发报行	（发报行联行专用章）	收报行	核对印鉴 复核　　记账
				转账日期　年　月　日

2

邮划借方报单第二联

发报行	行号		编制	年 月 日	收报行	行号		转账日期							
	行名					行名									
付款单位账号或名称	收款单位账号或名称	千	百	十	万	千	百	十	元	角	分	合计金额	亿千百十万千百十元角分		
												事由			
												附件			
备注：												管辖分行	输入 复核		
													传送日期 年 月 日		

持卡人姓名及编号		编号 银行 卡取现单
证 件	持卡人签名	
授权号码	日 期	
代理行名称、代号	人 民 币	
	取现金额（小写）	
银行签章	手续费（小写）	
	实付金额（大写）	
科目（借） 对方科目（贷）	摘 要	

复核 记账 复核 出纳

第二联：持卡人开户行作借方凭证

报单内仅填一笔业务时，只将金额填入合计金额栏，如填数笔业务时，除分填每笔金额外，应将总数填入合计金额栏。

1

邮划贷方报单第一联

报单号码　Ⅱ Ⅰ

发报行	行号		编制	年　月　日	收报行	行号		转账日期	
	行名					行名			

收款单位账号或名称	付款单位账号或名称	千	百	十	万	千	百	十	元	角	分

合计金额	亿	千	百	十	万	千	百	十	元	角	分

事由					
附件		密押		编押	

备注：	发报行	（发报行公章）	收报行	核对印鉴	核押
				复　核	记账
				对账日期	对账

2

邮划贷方报单第二联

报单号码　Ⅱ Ⅰ

发报行	行号		编制	年　月　日	收报行	行号		转账日期	
	行名					行名			

收款单位账号或名称	付款单位账号或名称	千	百	十	万	千	百	十	元	角	分

合计金额	亿	千	百	十	万	千	百	十	元	角	分

事由					
附件		密押		编押	

备注：

托收凭证（贷方传票） 2

委托日期　　年 6 月 20 日

业务类型	委托收款（□邮划、□电划）　托收承付（□邮划、□电划）						
付款人	全称	扬子江车辆厂		收款人	全称	江南钢铁公司	
	账号	乙—302—6			账号	302—6	
	地址	省　市县	开户行　江城 B 支行		地址	省　市县	开户行　江城 A 支行

金额	人民币（大写）	亿	千	百	十	万	千	百	十	元	角	分
	壹拾伍万元整			¥	1	5	0	0	0	0	0	0

款项内容	货款	托收凭据名称	商业承兑汇票	附寄单证张数	
商品发运情况		合同名称号码			
备注： 复核　　记账	上列款项已划回收入你方账户。 收款人开户行签章 年　月　日				

此联付款人开户行凭以汇款

1　银行电划贷方补充报单第一联

发报行	行号		发报　年　月　日	收报行	行号		号码	
	行名				行名			

账号或住址 ……………………

收款单位名称 ……………………

付款单位名称 ……………………

事　　由 ……………………

亿	千	百	十	万	千	百	十	元	角	分

密押

备注：	收报行	译电　　核押 记账　　复核
		转账日期　　年　月　日

2　银行电划贷方补充报单第二联

发报行	行号		发报　年　月　日	收报行	行号		号码	
	行名				行名			

账号或住址 ……………………

收款单位名称 ……………………

付款单位名称 ……………………

事　　由 ……………………

亿	千	百	十	万	千	百	十	元	角	分

备注：	管辖分行	传输　　复核
		传送日期　　年　月　日

3　银行电划贷方补充报单第三联

<table>
<tr><td rowspan="2">发报行</td><td>行号</td><td></td><td>发报　年　月　日</td><td rowspan="2">收报行</td><td>行号</td><td></td><td>号码</td><td></td></tr>
<tr><td>行名</td><td colspan="2"></td><td>行名</td><td colspan="3"></td></tr>
<tr><td colspan="6">账号或住址……
收款单位名称……
付款单位名称……
事　　由……</td><td colspan="3">亿 千 百 十 万 千 百 十 元 角 分

应解汇款编号</td></tr>
<tr><td colspan="4">备注：</td><td>收报行</td><td colspan="4">科　　目(贷)______
对方科目(借)______
记账　　　复核

转账日期　　年　月　日</td></tr>
</table>

4　银行电划贷方补充报单第四联

<table>
<tr><td rowspan="2">发报行</td><td>行号</td><td></td><td>发报　年　月　日</td><td rowspan="2">收报行</td><td>行号</td><td></td><td>号码</td><td></td></tr>
<tr><td>行名</td><td colspan="2"></td><td>行名</td><td colspan="3"></td></tr>
<tr><td colspan="6">账号或住址……
收款单位名称……
付款单位名称……
事　　由……</td><td colspan="3">亿 千 百 十 万 千 百 十 元 角 分

密押</td></tr>
<tr><td colspan="2">上列款项已代转账，如有错误，请持此联来行面洽。
此致(开户单位)

(银行签章)
年　月　日</td><td colspan="2">上列款项已照收无误。
证件名称
证件号码

(收款单位签章)
年　月　日</td><td>收报行</td><td colspan="4">科　　目(贷)______
对方科目(借)______
记账　　　复核

转账日期　　年　月　日</td></tr>
</table>

1　邮划借方报单第一联

<table>
<tr><td rowspan="2">发报行</td><td>行号</td><td colspan="4"></td><td>编制</td><td colspan="6">年　月　日</td><td rowspan="2">收报行</td><td>行号</td><td colspan="3"></td><td>转账日期</td><td colspan="10"></td></tr>
<tr><td>行名</td><td colspan="11"></td><td>行名</td><td colspan="14"></td></tr>
<tr><td colspan="3">付款单位
账号或名称</td><td colspan="3">收款单位
账号或名称</td><td>千</td><td>百</td><td>十</td><td>万</td><td>千</td><td>百</td><td>十</td><td>元</td><td>角</td><td>分</td><td rowspan="2" colspan="2">合计
金额</td><td>亿</td><td>千</td><td>百</td><td>十</td><td>万</td><td>千</td><td>百</td><td>十</td><td>元</td><td>角</td><td>分</td></tr>
<tr><td colspan="3"></td><td colspan="3"></td><td></td><td></td><td></td><td></td><td></td><td></td><td></td><td></td><td></td><td></td><td></td><td></td><td></td><td></td><td></td><td></td><td></td><td></td><td></td><td></td><td></td></tr>
<tr><td colspan="3"></td><td colspan="3"></td><td></td><td></td><td></td><td></td><td></td><td></td><td></td><td></td><td></td><td></td><td rowspan="2">事由</td><td colspan="12" rowspan="2"></td></tr>
<tr><td colspan="3"></td><td colspan="3"></td><td></td><td></td><td></td><td></td><td></td><td></td><td></td><td></td><td></td><td></td></tr>
<tr><td colspan="3"></td><td colspan="3"></td><td></td><td></td><td></td><td></td><td></td><td></td><td></td><td></td><td></td><td></td><td rowspan="2">附件</td><td colspan="12" rowspan="2"></td></tr>
<tr><td colspan="3"></td><td colspan="3"></td><td></td><td></td><td></td><td></td><td></td><td></td><td></td><td></td><td></td><td></td></tr>
<tr><td colspan="7" rowspan="2">备注：</td><td rowspan="2">发报行</td><td colspan="8" rowspan="2">（发报行联行专用章）</td><td rowspan="2">收报行</td><td colspan="12">核对印鉴
复　核　　记账</td></tr>
<tr><td colspan="12">转账日期　年　月　日</td></tr>
</table>

2　邮划借方报单第二联

<table>
<tr><td rowspan="2">发报行</td><td>行号</td><td colspan="4"></td><td>编制</td><td colspan="6">年　月　日</td><td rowspan="2">收报行</td><td>行号</td><td colspan="3"></td><td>转账日期</td><td colspan="10"></td></tr>
<tr><td>行名</td><td colspan="11"></td><td>行名</td><td colspan="14"></td></tr>
<tr><td colspan="3">付款单位
账号或名称</td><td colspan="3">收款单位
账号或名称</td><td>千</td><td>百</td><td>十</td><td>万</td><td>千</td><td>百</td><td>十</td><td>元</td><td>角</td><td>分</td><td rowspan="2" colspan="2">合计
金额</td><td>亿</td><td>千</td><td>百</td><td>十</td><td>万</td><td>千</td><td>百</td><td>十</td><td>元</td><td>角</td><td>分</td></tr>
<tr><td colspan="3"></td><td colspan="3"></td><td></td><td></td><td></td><td></td><td></td><td></td><td></td><td></td><td></td><td></td><td></td><td></td><td></td><td></td><td></td><td></td><td></td><td></td><td></td><td></td><td></td></tr>
<tr><td colspan="3"></td><td colspan="3"></td><td></td><td></td><td></td><td></td><td></td><td></td><td></td><td></td><td></td><td></td><td rowspan="2">事由</td><td colspan="12" rowspan="2"></td></tr>
<tr><td colspan="3"></td><td colspan="3"></td><td></td><td></td><td></td><td></td><td></td><td></td><td></td><td></td><td></td><td></td></tr>
<tr><td colspan="3"></td><td colspan="3"></td><td></td><td></td><td></td><td></td><td></td><td></td><td></td><td></td><td></td><td></td><td rowspan="2">附件</td><td colspan="12" rowspan="2"></td></tr>
<tr><td colspan="3"></td><td colspan="3"></td><td></td><td></td><td></td><td></td><td></td><td></td><td></td><td></td><td></td><td></td></tr>
<tr><td colspan="17" rowspan="2">备注：</td><td rowspan="2">管辖分行</td><td colspan="12">输入　　　　复核</td></tr>
<tr><td colspan="12">传送日期　年　月　日</td></tr>
</table>

银行　　地名 $\frac{B}{0}\frac{A}{1}$ 00000000

付款期限 壹个月

银行汇票（解讫通知）　3

汇票号码

出票日期（大写）　年　月　日	代理付款行：	行号：
收款人：		
出票金额 人民币（大写）		
实际结算金额 人民币（大写）		千 百 十 万 千 百 十 元 角 分

申请人：________　　账号：________

出票行：________　行号：________

备　注：________

代理付款行签章

复核　　经办

密押：	
多余金额	
千 百 十 万 千 百 十 元 角 分	复核　　记账

此联代理付款行兑付后随报单寄出票行，由出票行作多余款贷方凭证

银行

付款期限 壹个月

银行汇票（卡片）　1

汇票号码

出票日期（大写）　年　月　日	代理付款行：	行号：
收款人：		
出票金额 人民币（大写）		
实际结算金额 人民币（大写）		千 百 十 万 千 百 十 元 角 分

申请人：________　　账号：________

出票行：________　行号：________

备　注：________

复核　　经办

复核　　记账

此联出票行结清汇票时作汇出汇款借方凭证

报单内仅填一笔业务时，只将金额填入合计金额栏，如填数笔业务时，除分填每笔金额外，应将总数填入合计金额栏。

1 邮划贷方报单第一联

报单号码 Ⅱ Ⅰ

发报行	行号		编制	年 月 日	收报行	行号		转账日期	
	行名					行名			

收款单位账号或名称	付款单位账号或名称	千	百	十	万	千	百	十	元	角	分

合计金额	亿	千	百	十	万	千	百	十	元	角	分

事由					
附件		密押		编押	

备注：	发报行	（发报行公章）	收报行	核对印鉴 复 核 对账日期	核押 记账 对账

2 邮划贷方报单第二联

报单号码 Ⅱ Ⅰ

发报行	行号		编制	年 月 日	收报行	行号		转账日期	
	行名					行名			

收款单位账号或名称	付款单位账号或名称	千	百	十	万	千	百	十	元	角	分

合计金额	亿	千	百	十	万	千	百	十	元	角	分

事由					
附件		密押		编押	

备注：

托收凭证（贷方传票） 2

委托日期　　　年 6 月 20 日

业务类型	委托收款（□邮划、□电划）　　托收承付（□邮划、□电划）							
付款人	全称	神宙电机厂			收款人	全称	红旗机床制造厂	
	账号	甲—302—46				账号	302—5	
	地址	省　市县	开户行	江城甲支行		地址	省　市县	开户行　江城A支行

金额	人民币（大写）　捌拾万元整	亿	千	百	十	万	千	百	十	元	角	分
				¥	8	0	0	0	0	0	0	0

款项内容	货款	托收凭据名称	银行承兑汇票	附寄单证张数	
商品发运情况			合同名称号码		
备注： 复核　　记账	上列款项已划回收入你方账户。 收款人开户行签章 年　月　日				

此联付款人开户行凭以汇款

1

邮划贷方报单第一联

报单号码　Ⅱ Ⅰ

报单内仅填一笔业务时，除填每笔金额外，应将金额填入合计金额栏，如填数笔业务时，只将总数填入合计金额栏。

发报行	行号		编制	年　月　日	收报行	行号		转账日期	
	行名					行名			

收款单位账号或名称	付款单位账号或名称	千	百	十	万	千	百	十	元	角	分	合计金额	亿	千	百	十	万	千	百	十	元	角	分
												事由											
												附件		密押				编押					

备注：	发报行	（发报行公章）	收报行	核对印鉴　核押 复　核　记账 对账日期　对账

2

邮划贷方报单第二联

报单号码 Ⅱ Ⅰ

发报行	行号		编制	年 月 日	收报行	行号		转账日期	
	行名					行名			

收款单位账号或名称	付款单位账号或名称	千	百	十	万	千	百	十	元	角	分

合计金额	亿	千	百	十	万	千	百	十	元	角	分

事由					
附件		密押		编押	

备注：

银行 信汇凭证 （贷方凭证） 3

年 月 日

汇款人	全　称		收款人	全　称	
	账　号			账　号	
	汇出地点	省　市/县		汇入地点	省　市/县
汇出行名称			汇入行名称		

金额	人民币（大写）	亿	千	百	十	万	千	百	十	元	角	分

	支付密码
	附加信息及用途 复核　　记账

此联汇入行作贷方凭证

联行往账报告表

年　　月　　日

摘要	借方											贷方										
	笔数		金额									笔数		金额								
月　日余额	电寄	邮寄	百万	十万	万	千	百	十	元	角	分	电寄	邮寄	百万	十万	万	千	百	十	元	角	分
本日发生额																						
本日余额																						
自年初累计发生额																						
备注																						

联行来账报告表

年　　月　　日

摘要	借方											贷方										
	笔数		金额									笔数		金额								
月　日余额	电寄	邮寄	百万	十万	万	千	百	十	元	角	分	电寄	邮寄	百万	十万	万	千	百	十	元	角	分
本日发生额																						
本日余额																						
自年初累计发生额																						
备注																						

实训十　模拟银行日终结账的核算

（一）实训资料

实训一至实训八中江城 A 支行 6 月 20 日发生的全部经济业务。

（二）实训要求

1. 编制科目日结单。将 6 月 20 日所有记账凭证按科目清分后编制科目日结单。每一科目日结单按照现金付出传票、转账借方传票、现金收入传票、转账贷方传票的顺序排列编制该科目日结单。现金科目日结单应根据其他科目日结单编制，将其他各科目日结单借方现金合计数填入现金科目日结单贷方，将其他各科目日结单贷方现金合计数填入现金科目日结单借方。

科目日结单全部编制完毕，分别加计所有科目日结单的借方金额和贷方金额，若借方合计金额等于贷方合计金额，则表明当日发生额结平。

科目日结单

年　月　日

借　方			贷　方		
传　票	张　数	金　额	传　票	张　数	金　额
现　金			现　金		
转　账			转　账		
合　计			合　计		

2. 登记总账。根据科目日结单登记各科目总账的发生额，总账的余额自行求出，然后进行总分核对各科目所属分户账余额之和与该科目总账余额是否相符。

3. 编制日计表。将各科目总账发生额、余额分别填入日计表相应栏内，然后分别加计发生额的借方金额、贷方金额，余额的借方金额、贷方金额，若

各科目借方发生额合计 = 各科目贷方发生额合计

各科目借方余额合计 = 各科目贷方余额合计

则表示当天账务全部轧计平衡。

日 计 表

年　　月　　日

科目名称	发 生 额		余　额	
	借　方	贷　方	借　方	贷　方
合　计				

附录 A　科目日结单

科 目 日 结 单

年　月　日

<table>
<tr><td colspan="13">借　　方</td><td colspan="13">贷　　方</td></tr>
<tr><td rowspan="2">传 票 张 数</td><td colspan="12">金　　额</td><td rowspan="2">传 票 张 数</td><td colspan="12">金　　额</td></tr>
<tr><td>十</td><td>亿</td><td>千</td><td>百</td><td>十</td><td>万</td><td>千</td><td>百</td><td>十</td><td>元</td><td>角</td><td>分</td><td>十</td><td>亿</td><td>千</td><td>百</td><td>十</td><td>万</td><td>千</td><td>百</td><td>十</td><td>元</td><td>角</td><td>分</td></tr>
<tr><td>现 金　　张</td><td></td><td></td><td></td><td></td><td></td><td></td><td></td><td></td><td></td><td></td><td></td><td></td><td>现 金　　张</td><td></td><td></td><td></td><td></td><td></td><td></td><td></td><td></td><td></td><td></td><td></td><td></td></tr>
<tr><td>转 账　　张</td><td></td><td></td><td></td><td></td><td></td><td></td><td></td><td></td><td></td><td></td><td></td><td></td><td>转 账　　张</td><td></td><td></td><td></td><td></td><td></td><td></td><td></td><td></td><td></td><td></td><td></td><td></td></tr>
<tr><td>合 计　　张</td><td></td><td></td><td></td><td></td><td></td><td></td><td></td><td></td><td></td><td></td><td></td><td></td><td>合 计　　张</td><td></td><td></td><td></td><td></td><td></td><td></td><td></td><td></td><td></td><td></td><td></td><td></td></tr>
</table>

附件　张

科 目 日 结 单

年　月　日

<table>
<tr><td colspan="13">借　　方</td><td colspan="13">贷　　方</td></tr>
<tr><td rowspan="2">传 票 张 数</td><td colspan="12">金　　额</td><td rowspan="2">传 票 张 数</td><td colspan="12">金　　额</td></tr>
<tr><td>十</td><td>亿</td><td>千</td><td>百</td><td>十</td><td>万</td><td>千</td><td>百</td><td>十</td><td>元</td><td>角</td><td>分</td><td>十</td><td>亿</td><td>千</td><td>百</td><td>十</td><td>万</td><td>千</td><td>百</td><td>十</td><td>元</td><td>角</td><td>分</td></tr>
<tr><td>现 金　　张</td><td></td><td></td><td></td><td></td><td></td><td></td><td></td><td></td><td></td><td></td><td></td><td></td><td>现 金　　张</td><td></td><td></td><td></td><td></td><td></td><td></td><td></td><td></td><td></td><td></td><td></td><td></td></tr>
<tr><td>转 账　　张</td><td></td><td></td><td></td><td></td><td></td><td></td><td></td><td></td><td></td><td></td><td></td><td></td><td>转 账　　张</td><td></td><td></td><td></td><td></td><td></td><td></td><td></td><td></td><td></td><td></td><td></td><td></td></tr>
<tr><td>合 计　　张</td><td></td><td></td><td></td><td></td><td></td><td></td><td></td><td></td><td></td><td></td><td></td><td></td><td>合 计　　张</td><td></td><td></td><td></td><td></td><td></td><td></td><td></td><td></td><td></td><td></td><td></td><td></td></tr>
</table>

附件　张

科 目 日 结 单

年　月　日

<table>
<tr><td colspan="13">借　　方</td><td colspan="13">贷　　方</td></tr>
<tr><td rowspan="2">传 票 张 数</td><td colspan="12">金　　额</td><td rowspan="2">传 票 张 数</td><td colspan="12">金　　额</td></tr>
<tr><td>十</td><td>亿</td><td>千</td><td>百</td><td>十</td><td>万</td><td>千</td><td>百</td><td>十</td><td>元</td><td>角</td><td>分</td><td>十</td><td>亿</td><td>千</td><td>百</td><td>十</td><td>万</td><td>千</td><td>百</td><td>十</td><td>元</td><td>角</td><td>分</td></tr>
<tr><td>现 金　　张</td><td></td><td></td><td></td><td></td><td></td><td></td><td></td><td></td><td></td><td></td><td></td><td></td><td>现 金　　张</td><td></td><td></td><td></td><td></td><td></td><td></td><td></td><td></td><td></td><td></td><td></td><td></td></tr>
<tr><td>转 账　　张</td><td></td><td></td><td></td><td></td><td></td><td></td><td></td><td></td><td></td><td></td><td></td><td></td><td>转 账　　张</td><td></td><td></td><td></td><td></td><td></td><td></td><td></td><td></td><td></td><td></td><td></td><td></td></tr>
<tr><td>合 计　　张</td><td></td><td></td><td></td><td></td><td></td><td></td><td></td><td></td><td></td><td></td><td></td><td></td><td>合 计　　张</td><td></td><td></td><td></td><td></td><td></td><td></td><td></td><td></td><td></td><td></td><td></td><td></td></tr>
</table>

附件　张

科目日结单

年　月　日

借方													贷方												
传票张数	金额												传票张数	金额											
	十	亿	千	百	十	万	千	百	十	元	角	分		十	亿	千	百	十	万	千	百	十	元	角	分
现金　张													现金　张												
转账　张													转账　张												
合计　张													合计　张												

附件　张

科目日结单

年　月　日

借方													贷方												
传票张数	金额												传票张数	金额											
	十	亿	千	百	十	万	千	百	十	元	角	分		十	亿	千	百	十	万	千	百	十	元	角	分
现金　张													现金　张												
转账　张													转账　张												
合计　张													合计　张												

附件　张

科目日结单

年　月　日

借方													贷方												
传票张数	金额												传票张数	金额											
	十	亿	千	百	十	万	千	百	十	元	角	分		十	亿	千	百	十	万	千	百	十	元	角	分
现金　张													现金　张												
转账　张													转账　张												
合计　张													合计　张												

附件　张

科目日结单

年　月　日

借方													贷方												
传票张数	金额												传票张数	金额											
	十	亿	千	百	十	万	千	百	十	元	角	分		十	亿	千	百	十	万	千	百	十	元	角	分
现金　张													现金　张												
转账　张													转账　张												
合计　张													合计　张												

附件　张

科目日结单

年　月　日

借方													贷方												
传票张数	金额												传票张数	金额											
	十	亿	千	百	十	万	千	百	十	元	角	分		十	亿	千	百	十	万	千	百	十	元	角	分
现金　张													现金　张												
转账　张													转账　张												
合计　张													合计　张												

附件　张

科目日结单

年　月　日

借方													贷方												
传票张数	金额												传票张数	金额											
	十	亿	千	百	十	万	千	百	十	元	角	分		十	亿	千	百	十	万	千	百	十	元	角	分
现金　张													现金　张												
转账　张													转账　张												
合计　张													合计　张												

附件　张

科目日结单

年 月 日

借方													贷方												
传票张数	金额												传票张数	金额											
	十	亿	千	百	十	万	千	百	十	元	角	分		十	亿	千	百	十	万	千	百	十	元	角	分
现金　张													现金　张												
转账　张													转账　张												
合计　张													合计　张												

附件　张

科目日结单

年 月 日

借方													贷方												
传票张数	金额												传票张数	金额											
	十	亿	千	百	十	万	千	百	十	元	角	分		十	亿	千	百	十	万	千	百	十	元	角	分
现金　张													现金　张												
转账　张													转账　张												
合计　张													合计　张												

附件　张

科目日结单

年 月 日

借方													贷方												
传票张数	金额												传票张数	金额											
	十	亿	千	百	十	万	千	百	十	元	角	分		十	亿	千	百	十	万	千	百	十	元	角	分
现金　张													现金　张												
转账　张													转账　张												
合计　张													合计　张												

附件　张

科目日结单

年 月 日

借方													贷方												
传票张数	金额												传票张数	金额											
	十	亿	千	百	十	万	千	百	十	元	角	分		十	亿	千	百	十	万	千	百	十	元	角	分
现金 张													现金 张												
转账 张													转账 张												
合计 张													合计 张												

附件 张

科目日结单

年 月 日

借方													贷方												
传票张数	金额												传票张数	金额											
	十	亿	千	百	十	万	千	百	十	元	角	分		十	亿	千	百	十	万	千	百	十	元	角	分
现金 张													现金 张												
转账 张													转账 张												
合计 张													合计 张												

附件 张

科目日结单

年 月 日

借方													贷方												
传票张数	金额												传票张数	金额											
	十	亿	千	百	十	万	千	百	十	元	角	分		十	亿	千	百	十	万	千	百	十	元	角	分
现金 张													现金 张												
转账 张													转账 张												
合计 张													合计 张												

附件 张

科目日结单

年　月　日

借方													贷方												
传票张数	金额												传票张数	金额											
	十	亿	千	百	十	万	千	百	十	元	角	分		十	亿	千	百	十	万	千	百	十	元	角	分
现金　张													现金　张												
转账　张													转账　张												
合计　张													合计　张												

附件　张

科目日结单

年　月　日

借方													贷方												
传票张数	金额												传票张数	金额											
	十	亿	千	百	十	万	千	百	十	元	角	分		十	亿	千	百	十	万	千	百	十	元	角	分
现金　张													现金　张												
转账　张													转账　张												
合计　张													合计　张												

附件　张

科目日结单

年　月　日

借方													贷方												
传票张数	金额												传票张数	金额											
	十	亿	千	百	十	万	千	百	十	元	角	分		十	亿	千	百	十	万	千	百	十	元	角	分
现金　张													现金　张												
转账　张													转账　张												
合计　张													合计　张												

附件　张

附录B 银行会计实训评分表

为了提高学生的动手能力，增加感性认识，我们根据学生的意愿和教学需要，开设了金融会计实训内容，其评分标准如下：

姓名： 班级： 学号：

序 号	内 容	分 值	自 评 分	审 核 分	备注
1	建立总账和明细账	10分			
2	储蓄业务	10			
3	单位存取现金和支票业务、本票业务	10			
4	银行汇票、商业汇票业务	8			
5	信用卡业务	5			
6	汇兑、托收、委收业务	7			
7	贷款业务	10			
8	票据交换业务	10			
9	联行业务	10			
10	日终结账	10			
11	凭证装订整齐、美观完整	5			
12	书写正确规范、整洁漂亮	5			
	合计	100			

附录C 商业银行统一会计科目表

为了便于金融会计的教学和实训，我们参照中国人民银行会计司出台的商业银行统一会计科目表(试行)，结合教学工作实际，将金融会计练习和实训中涉及的一些常用科目代号和科目名称列表如下。

序号	科目代号	科目名称	序号	科目代号	科目名称
一、资产类			21	129	服务业短期贷款
1	101	库存现金	22	130	公共企业短期贷款
2	102	运送中现金	23	133	其他短期贷款
		存放中央银行款项			中长期贷款
3	104	存放中央银行准备金	24	135	中期流动资金贷款
4	105	存放中央银行清算汇票款	25	136	中长期基本建设贷款
5	106	存放中央银行特种存款	26	137	中长期技术改造贷款
		存放境外同业	27	138	中长期科技开发贷款
6	110	存放境外同业活期款项	28	139	中长期住房开发贷款
7	111	存放境外同业定期款项	29	140	其他中长期贷款
		拆放同业			押汇
8	113	拆放银行款项	30	144	进口押汇
9	114	拆放非银行金融机构款项	31	145	出口押汇
10	115	拆放外资金融机构款项			特定贷款
11	117	拆放境外同业	32	147	国家特定贷款
		系统内往来	33	148	特种贷款
12	119	存放系统内款项			个人贷款
13	120	系统内借出	34	150	个人住房贷款
14	121	预缴上级行利税	35	153	个人其他贷款
15	122	预付上级行运用资金			票据融资
	123	短期贷款	36	155	贴现
16	124	农业短期贷款	37	156	转贴现
17	125	工业短期贷款	38	157	买入外币票据
18	126	建筑业短期贷款	39	158	议付信用证款项
19	127	商业短期贷款			融资租赁
20	128	房地产业短期贷款	40	160	应收租赁款

续表

序号	科目代号	科目名称	序号	科目代号	科目名称
41	161	应收转租赁款	67	198	其他应收及暂付款
42	162	应收租赁收益			债券
		透支及垫款	68	200	短期国家债券
43	164	协定存款透支	69	201	短期中央银行债券
44	165	信用卡透支	70	202	短期政策性银行债券
45	166	担保垫款	71	205	其他短期金融债券
46	167	承兑垫款	72	208	其他短期债券
47	168	信用证垫款	73	210	长期国家债券
48	169	转贷垫款	74	211	长期中央银行债券
		转贷款	75	212	长期政策性银行债券
49	171	转贷外国政府贷款	76	215	其他长期金融债券
50	172	转贷国际金融组织贷款	77	218	其他长期债券
51	173	国家外汇储备贷款	78	220	回售国家债券
52	174	转贷买方信贷	79	221	回售金融债券
53	175	银团贷款	80	224	回售其他债券
54	176	其他转贷款			投资
		不良贷款	81	226	投资境内银行
55	180	逾期贷款	82	227	境外投资
56	181	呆滞贷款	83	230	其他投资
57	182	呆账贷款	84	231	投资风险准备金
58	183	贷款呆账准备金			委托贷款及委托投资
		应收利息	85	233	中央委托贷款
59	185	应收贷款利息	86	234	地方委托贷款
60	186	应收透支及垫款利息	87	235	中央银行委托贷款
61	187	应收存放款利息	88	236	政策性银行委托贷款
62	188	应收拆借利息	89	239	其他委托贷款
63	189	应收债券利息	90	240	政府委托投资
64	192	其他应收利息			代理业务
65	193	坏账准备金	91	242	代理兑付债券
		其他应收款	92	243	划缴中央银行财政存款
66	195	存出保证金	93	244	贵金属

续表

序号	科目代号	科目名称	序号	科目代号	科目名称
94	247	其他代理业务	120	316	个人支票存款
		固定资产	121	317	个人通知存款
95	249	房地产			储蓄存款
96	250	电子设备	122	319	活期储蓄存款
97	251	交通工具	123	320	定活两便储蓄存款
98	254	其他固定资产	124	321	定期储蓄存款
99	255	累计折旧			财政性存款
100	256	在建工程	125	323	机关团体存款
101	257	固定资产清理	126	324	财政预算外存款
		其他资产	127	327	其他财政性存款
102	259	无形资产			特种存款
103	261	待摊费用	128	329	特种存款
104	262	长期待摊费用	129	330	特种事业存款
105	268	租赁资产	130	331	特种企业存款
106	269	待转租赁资产			信用卡存款
107	272	其他资产	131	333	单位信用卡存款
108	274	期收款项	132	334	个人信用卡存款
二、负债类					汇款
		单位活期存款	133	336	开出汇票
109	301	农业活期存款	134	337	委托央行清算汇票款
110	302	工业活期存款	135	338	发行旅行支票
111	303	建筑业活期存款	136	341	其他汇出汇款
112	304	商业活期存款	137	342	应解汇款及临时存款
113	305	房地产活期存款	138	344	开出本票
114	306	服务业活期存款			向中央银行借款
115	307	公共企业活期存款	139	346	向中央银行借款
116	310	其他活期存款	140	347	向中央银行特种借款
		单位定期存款			同业存款
117	312	单位定期存款	141	349	银行清算存款
118	313	单位通知存款	142	350	非银行金融机构存款
		个体存款	143	351	外资金融机构存款
119	315	个体户存款	144	352	证券公司转存款

续表

序号	科目代号	科目名称	序号	科目代号	科目名称
145	353	基金存款			其他应付款
146	355	境外同业活期存款	171	393	应付工资
147	356	境外同业定期存款	172	394	应付福利费
		同业拆入	173	395	应付税金
148	358	银行拆入	174	396	应付利润
149	359	非银行金融机构拆入	175	397	应付转租赁款
150	360	外资金融机构拆入	176	400	其他应付款
151	362	境外同业拆入			委托贷款及投资资金
		系统内往来	177	402	中央委托贷款资金
152	364	系统内存放款项	178	403	地方委托贷款资金
153	365	系统内借入	179	404	中央银行委托贷款资金
154	366	预收下级行利税	180	405	政策性银行委贷资金
155	367	拨入运营资金	181	406	财政拨存资金
		转贷款资金	182	409	其他委托贷款资金
156	369	转贷外国政府贷款资金	183	410	政府委托投资资金
157	370	转贷国金组织贷款资金			代理业务资金
158	371	国家外汇储备贷款资金	184	412	中央预算收入
159	372	转贷买方信贷资金	185	413	地方预算收入
160	373	银团贷款拨入资金	186	414	待结算财政款项
161	376	其他转贷款资金	187	415	代理发行债券款
		债券	188	416	代收贷款利息
162	378	回购国家债券款	189	417	代理兑付债券资金
163	379	回购金融债券款	190	418	代理发行旅行支票
164	381	回购其他债券款	191	419	代办信用卡备用金
165	383	发行短期债券	192	422	其他代理业务资金
166	384	发行长期债券			保证金
		应付利息	193	424	信用卡保证金
167	386	应付存款利息	194	425	信用证保证金
168	387	应付借款利息	195	426	租赁保证金
169	388	发行债券应付利息	196	429	其他保证金
170	391	其他应付利息			长期借款及递延收益

续表

序号	科目代号	科目名称	序号	科目代号	科目名称
197	431	长期借款	222	518	国家外汇人民币往来
198	433	递延收益	223	522	其他往来款项
		待处理负债	**四、所有者权益类**		
199	435	待处理财产溢余			开出信用证及保证凭信
200	436	待清理负债	224	601	实收资本
201	439	其他待处理负债	225	602	资本公积
		其他负债	226	603	盈余公积
202	441	预提费用	227	604	本年利润
203	442	住房周转金	228	605	利润分配
204	443	其他准备金	**五、损益类**		
205	446	其他负债	229	701	贷款利息收入
206	448	期付款项	230	702	金融机构往来收入
三、资产负债共同类			231	703	系统内往来收入
		联行往来	232	704	联行往来利息收入
207	501	联行往来	233	705	手续费收入
208	502	分行辖内往来	234	706	外汇买卖收益
209	503	支行辖内往来	244	707	投资收益
210	504	联行汇差	245	708	债券业务收入
211	505	汇差资金划拨	246	709	租赁收益
212	506	联行外汇往来	247	710	其他营业收入
213	507	港澳及国外联行往来	248	711	营业外收入
214	508	资金清算往来	249	714	存款利息支出
215	509	资金调拨	250	715	金融机构往来利息支出
216	511	同城票据清算	251	716	系统内往来利息支出
		外汇买卖	252	717	联行往来利息支出
217	513	外汇买卖	253	718	发行债券利息支出
218	514	外汇结售	254	720	手续费支出
219	515	国家外汇买卖	255	721	外汇买卖损失
220	516	代客外汇买卖	256	722	证券业务支出
221	517	外汇营运资金	257	723	业务管理费
		其他往来款项	258	724	折旧费

续表

序号	科目代号	科目名称	序号	科目代号	科目名称
259	725	提取准备	10	810	商业承兑汇票贴现
260	726	营业税金及附加	11	811	外汇期权.其他保值业务
261	727	其他营业支出	12	812	产权待界定财产
262	728	营业外支出	13	813	有价证券
263	729	所得税费用	14	814	空白重要凭证
264	731	以前年度损益调整	15	815	未发行债券
六、表外科目			16	816	待销毁有价证券
1	801	开出债券款单证	17	817	代保管有价品
2	802	开出保函	18	818	低值易耗品
3	803	银行承兑汇票	19	819	待处理抵押质押品
4	804	贷款承诺	20	820	代收托收款项
5	805	衍生金融工具交易	21	821	应收托收款项
6	806	未收贷款利息	22	822	出让土地估价升值
7	807	代理政策性银行贷款	23	823	本行购买债券
8	808	收到信用证及保证凭信	24	824	特定业务
9	809	应收信用证及保证凭信			